模拟导游实训教程

主　编　冷奇伟　陈　蕾

副主编　高　静　高　明　韦　颖

参　编　李　爽　王　菲　毛欣欣
　　　　魏　超　李志高

主　审　田　莹

北京理工大学出版社
BEIJING INSTITUTE OF TECHNOLOGY PRESS

内容简介

本书结合导游行业相关标准，使读者在了解导游服务程序与技巧的基础上，培养其口语交流和讲解能力，涉及研学、银发、政务、商务等团队的技能训练，同时也有探险、红色、宗教等特色旅游团队技巧的训练以及导游词的编写。读者在了解每个景点主要讲解内容和技巧后，可以查阅相关资料自行创作导游词、欢迎欢送词，并进行讲解实训，由他人点评。本书可以充分训练读者的导游讲解能力以及对不同团队客人的应变能力，提高导游讲解及服务水平。

图书在版编目（CIP）数据

模拟导游实训教程 / 冷奇伟，陈蕾主编. -- 北京：
北京理工大学出版社，2024.4.
ISBN 978-7-5763-4210-9

Ⅰ. F590.63

中国国家版本馆 CIP 数据核字第 2024ZC1053 号

责任编辑：李慧智　　　文案编辑：李慧智
责任校对：王雅静　　　责任印制：施胜娟

出版发行 / 北京理工大学出版社有限责任公司

社　　址 / 北京市丰台区四合庄路 6 号

邮　　编 / 100070

电　　话 / (010) 68914026 (教材售后服务热线)
　　　　　　(010) 63726648 (课件资源服务热线)

网　　址 / http://www.bitpress.com.cn

版 印 次 / 2024 年 4 月第 1 版第 1 次印刷

印　　刷 / 定州市新华印刷有限公司

开　　本 / 889 mm × 1194 mm　1/16

印　　张 / 12

字　　数 / 252 千字

定　　价 / 86.00 元

在旅游业蓬勃发展的今天，导游作为连接游客与旅游资源的重要桥梁，其专业素养和服务质量直接影响到游客的旅行体验。一方面，他们需要具备丰富的历史、文化、地理等知识，能够准确地向游客介绍旅游目的地的特色，使其感受到旅游景点的独特魅力。另一方面，导游需要具备良好的沟通能力和服务意识，热情周到地为游客解答各种问题，满足游客的合理需求。时代在发展，对于导游人员的要求也愈来愈高。

作为旅游业的重要组成部分，导游人才的培养质量直接关系到旅游业的健康发展和游客的满意度。编者希望通过本书的编写和使用，为导游人才的培养提供有力的支持和帮助，推动导游行业的健康发展。

本书通过模拟实训的方式，帮助读者掌握导游工作的核心技能、提升专业素养。在内容编写上，编者紧密结合导游工作的实际场景，注重实用性和可操作性，通过大量的拟实训及案例，让读者在操作中学习、在学习中操作，从而更好地理解和掌握导游工作的要领。

全书总共分为五大部分，从认识导游工作到应变技能训练、从特殊团队导游技能训练到特色旅游导游技能训练，详细地为读者讲解了在真实导游工作环境中会涉及的知识内容和实践内容，帮助读者快速掌握导游行业的知识和规范。

此外，本书更注重理论与实践相结合。编者设计了一系列模拟实训任务，让读者在实践中检验所学知识，提升导游技能。同时，编者也鼓励读者积极参与实际导游工作，将所学知识应用于实际工作中，从而更好地理解和掌握导游工作的要领。

本书由一批具有丰富行业背景的专家编写，他们深度了解导游行业的实际需求和发展趋势，能够为读者提供最前沿、最实用的知识和技能。同时，编者也鼓励读者不断更新自身知识，探索新的教学方法和手段，以更好地指导读者。

　　导游工作是一场充满魅力与挑战的旅程，它不仅能让你领略世间的万千风景，还能让你结识来自五湖四海的朋友。在这个旅程中，需秉持着认真学习的态度，结合导游工作实际，深入了解导游人员应掌握专业知识技能。

　　望未来，读者朋友们可以在导游行业绽放属于自己的光芒。

目录

训练一

认识导游工作

素养目标 →

1. 培养学生对导游职业岗位的认同感和职业道德，对游客负责的精神，树立旅游行业的良好形象；

2. 通过课程学习，让学生养成善于动脑、勤于思考、及时发现问题的习惯；

3. 培养学生的团队合作精神和应变能力，让学生能够在团队中发挥自己的作用，灵活应对各种情况。

知识目标 →

1. 正确认识导游工作的性质；

2. 了解导游资格证和导游证的区别；

3. 掌握导游工作的原则；

4. 了解导游工作的职责；

5. 掌握导游服务基本礼仪；

6. 掌握导游应具备的职业能力和职业素质。

能力目标 →

1. 能够通过小组讨论，深入思考导游的角色定位，更加清晰地了解导游在旅游业中的角色和责任，为未来的导游职业生涯奠定坚实的基础；

2. 能够通过拓展阅读，了解导游资格证和导游证的区别，让学生更好地规划和准备自己的导游职业生涯；

3. 能通过案例分析，提升学生的组织协调能力，更好地应对突发情况；

4. 通过角色扮演，让学生亲身参与导游工作，深入了解导游的职责和要求。

任务一　初识导游工作

任务描述

　　导游是一个充满挑战和机遇的职业，也是一个集知识、技能、热情和耐心于一体的职业。导游通过自己的知识和技能，给游客带来难忘的旅行体验。导游不仅是旅行团的引领者，更是文化的传播者，历史的讲解者，以及游客旅程中的贴心伙伴。本任务通过各工作内容的设定，引导学生正确地认识导游职业，深入了解导游需要具备的职业能力和职业素质，明确导游工作的职责。

任务导入

　　小张热爱旅游，喜欢探索不同的地方和文化，他希望通过自己的工作，能够亲身体验并分享各种独特的旅游经历，因此中学毕业后，他选择了旅游管理这个专业，希望通过学习成为一名导游。暑假期间，小张报名了为期四天的北京旅游团，可以近距离地接触导游，帮助自己认识和了解导游的工作。

　　根据本次参团的经历进行分析：

　　1. 导游工作的性质和导游的角色定位；

　　2. 导游工作的原则和工作职责；

　　3. 导游需要具备的能力和素质；

　　4. 遇到突发事件，导游应该怎么处理？

学习地点

　　模拟导游实训室、室外实训场。

‹‹‹ ZHISHI ZHUNBEI
››› 知识准备

一、导游服务的概念及性质

　　导游服务是导游代表旅行社，按照组团合同或协议书约定的内容和标准，为游客提供向导、讲解和相关的旅游接待服务。导游的主要任务是在接待、陪同游客游览的过程中，为其提供导游讲解服务和旅途生活服务，并确保服务的质量和标准符合组团合同或事先约定的要求。导游服务的性质包括服务性、文化性、社会性、经济性和涉外性。

（1）服务性：导游服务是一种非生产性劳动，它通过提供翻译、导游讲解等劳务活动来满足游客游览、审美的愿望和安全、舒适旅行的需求。导游通过向游客提供劳务来体现其服务性，这种服务是无形的，只能在与游客的接触中进行。导游服务与其他第三产业的服务工作一样，属于高层次的服务，要求导游具备高智能、高技能的服务能力。

（2）文化性：导游服务是传播文化的重要渠道。导游通过生动、精彩的讲解，向来自世界各地、各民族的游客宣传不同地域的文化，给游客带来知识、乐趣和美的享受。导游服务实际上起着沟通和传播不同国家、地区和其民族的物质文明和精神文明的作用，因此具有文化性。

（3）社会性：旅游活动是一种社会现象，在促进社会物质文明和精神文明建设中起着重要作用。在旅游活动中，导游接待着四海宾朋、八方游客，处于旅游工作的中心位置，推动着这一规模庞大的社会活动。因此，导游所从事的工作本身就是一种社会职业，具有社会性。

（4）经济性：导游服务通过直接为游客提供服务来带动当地经济的发展，如增加就业机会、促进旅游相关产业的发展等。导游服务的质量也直接影响着游客的满意度和回头率，从而影响着旅游目的地的形象和声誉，进一步影响着当地旅游业的发展。

（5）涉外性：导游服务往往涉及不同国家和地区、不同民族和文化背景的游客，因此具有涉外性。导游需要具备良好的外语能力和跨文化沟通能力，以便更好地为游客提供服务。

导游人员资格证与导游证区别

二、导游的角色定位

导游的角色定位是多方面的，他们不仅是旅游信息的传递者和旅游质量的提高者，还是旅游活动的协调者和组织者，同时也是旅游目的地的形象代言人和文化交流的使者。这些角色定位要求导游具备丰富的专业知识、出色的服务能力和跨文化沟通能力，以提供高质量的导游服务，满足游客的需求和期望。

（1）旅游信息的传递者：导游是旅游信息的传递者，他们负责向游客介绍目的地的自然景观、人文景观、历史文化和民俗风情等方面的旅游信息。导游需要具备详细的知识储备和丰富的旅游经验，以确保游客能够充分了解目的地的各种信息。

（2）旅游质量的提高者：导游对旅游质量的提高起着至关重要的作用。他们通过提供高质量的导游讲解和接待服务，为游客创造舒适、安全、愉快的旅行体验。导游的专业素养和服务质量直接影响着游客的满意度和回头率。

（3）旅游目的地的形象代言人：导游是旅游目的地的形象代言人，他们的形象和服务质量直接影响着游客对目的地的印象和评价。优秀的导游不仅能够展示目的地的美丽风光和丰富文化，还能够调动游客的想象力，让他们对目的地有更深刻的认识和理解。

（4）协调者和组织者：导游需要负责组织和协调旅游团队的各项活动，包括行程安排、交通、餐饮、住宿等。他们需要具备出色的组织和协调能力，以确保旅游活动的顺利进行。在遇到问题时，导游需要及时采取措施，保障游客的安全和舒适。

（5）文化交流的使者：导游在跨文化的旅游活动中扮演着重要的角色。他们需要了解不同文化之间的差异和习惯，尊重游客的文化信仰和习俗。通过与游客的互动和交流，导游可以促进不同文化之间的理解和交流，推动文化的多样性发展。

三、导游工作的原则

导游工作的原则主要包括以下五个方面：

（一）宾客至上、服务至上原则

这是导游工作的首要原则。导游应始终把游客的利益放在首位，以游客的需求和满意度为导向，提供热情、周到、细致的服务。在处理问题时，导游应以游客的利益为重，尽可能满足游客的合理要求，确保游客有一个愉快且难忘的旅行体验。

（二）依法进行导游活动原则

导游在进行导游活动时，应遵守国家的法律法规和旅游行业的规章制度，不得从事违法违规的行为。同时，导游还应自觉维护国家和民族的尊严，遵循道德原则，传播正能量，为游客提供高质量的服务，同时树立良好的职业形象。

（三）平等对待、尊重游客原则

导游应平等对待每一位游客，不因游客的身份、地位、财富等因素而有偏见或歧视。同时，导游还应尊重游客的人格和权利，保护游客的隐私和安全，为游客提供平等、公正的服务。

（四）规范化服务与个性化服务相结合原则

导游应遵循旅游行业的服务标准和规范，提供规范化的服务，确保游客的基本需求得到满足。同时，导游还应关注游客的个性化需求，提供有针对性的服务，使游客感受到贴心和温暖。

（五）履行合同原则

导游应严格按照旅游合同或协议书的约定，为游客提供约定的服务内容和标准，不得擅自变更行程、降低服务标准或加收费用等，确保游客的权益得到保障。

四、导游需要具备的职业能力和职业素质

（一）职业能力

导游需要具备多种职业技能，以提供高质量的导游服务，确保旅游活动的顺利进行，满足游客的需求和期望，传播文化和促进国际交流。职业技能的掌握和运用，有助于提升导游

的专业素养和服务水平，推动旅游业的发展。

（1）语言表达能力：导游需要具备良好的语言表达能力，能够清晰、生动、有趣地向游客讲解旅游景点的历史背景、文化内涵、风土人情等方面的知识。同时，导游还需要具备丰富的知识储备，对旅游目的地的相关知识有深入的了解和研究，以便能够准确、全面地解答游客的问题。

（2）组织和协调能力：导游需要具备较强的组织和协调能力，能够合理安排旅游行程，协调好各个环节的工作，确保旅游活动的顺利进行。同时，导游还需要具备应对突发情况的能力，如遇到天气变化、交通堵塞等意外情况时，能够迅速做出反应，调整行程安排，确保游客的安全和舒适。

（3）服务意识和技能：导游需要具备高度的服务意识，关心游客的需求和感受，提供热情、周到、细致的服务。同时，导游还需要掌握一定的服务技能，如提供行李搬运、餐饮安排、购物指导等方面的服务，确保游客在旅行过程中的各项需求得到满足。

（4）跨文化沟通能力：导游需要具备跨文化沟通的能力，能够与来自不同国家和地区、不同文化背景的游客进行良好的沟通和交流。这包括了解不同文化之间的差异和习惯，尊重游客的文化信仰和习俗，以及避免引起误解或冲突的行为和语言。

（5）市场营销能力：导游需要具备一定的市场营销能力，了解旅游市场的需求和趋势，推荐适合游客的旅游产品和线路。同时，导游还需要通过与游客的互动和交流，收集游客的反馈和建议，为旅游产品的开发和改进提供参考。

（二）职业素质

导游的职业素质是指导游在从事导游职业过程中所需要具备的一系列专业品质。职业素质对于导游提供高质量的服务、确保旅游活动的顺利进行，以及树立良好的职业形象至关重要。以下是导游工作所需的关键职业素质：

（1）强烈的爱国主义意识。热爱祖国是每一个中国公民的责任，特别是导游。导游是我们国家或地区形象的代表，尤其是在接待海外游客时，其一言一行直接影响着游客对我们国家的印象。导游应该深刻认识到这一点，始终将国家利益、集体利益放在第一位，自觉维护祖国的尊严、民族的尊严。

（2）强健的体魄和健康的心理。导游服务是一项脑体高度结合的工作。在导游接待的游客中，各种社会背景、文化水平的人都有，就要求导游在服务过程中能够高度集中注意力，对游客提出的疑问能及时给予答复。同时导游的服务对象复杂多变，游客的需求多种多样，人际关系复杂，导游如果没有健康的身体和良好的心理素质，是很难完成好导游服务工作的。

（3）良好的职业操守。导游的职业操守是指在带团工作中体现的个人品格。第一，导游代表着国家、地区、旅行社，应时时处处注意自己的言行举止，严于律己，防微杜渐。第二，做好本职工作，为游客提供服务，真正关心每一位游客，想游客之所想，急游客之所急。对自己的工作，应力争做到善之又善、精益求精。第三，讲信誉，重责任，遇到问题时，不要抱怨，更不能推卸责任，要把及时、有效地解决问题始终放在第一位。

（4）大方得体的职业仪容仪表。导游在服务过程中，要时刻保持与其工作相一致的仪容仪表。在仪容上，导游要有良好的精神面貌，容貌修饰要与工作岗位、年龄、身份、性别等相称。在仪表上，要求导游着装得体大方，要与其周围环境及职业相符合。仪容仪表也是导游内在素质的重要体现。

（三）职业道德

1. 爱国爱企、自尊自强

爱国爱企、自尊自强不仅是导游必须遵守的一项基本道德规范，也是社会主义各行各业必须遵守的基本行为准则。它要求导游在工作中要始终站在国家和民族的高度，要时刻以国家和企业利益为重，要有民族自尊心和自信心，为国家和企业的发展多做贡献。

2. 遵纪守法、敬业爱岗

遵纪守法、敬业爱岗要求各行各业人员除了要遵守国家的法律法规，还要遵守各自本职行业的一些规范和规定。对于导游来说，他们除了要遵守国家的法律法规外，还要遵守旅行社的制度和《导游人员管理条例》的规定，执行导游服务质量标准，敬业爱岗。

3. 公私分明、诚实善良

公私分明、诚实善良对导游的要求是：在工作中，要能够自觉抵制各种诱惑，不为一己私利而损害游客利益；对待游客要诚实守信，不弄虚作假、不欺骗游客，严格履行合同的规定，杜绝随意增减景点和购物点的行为，维护游客的合理利益。

4. 克勤克俭、宾客至上

克勤克俭、宾客至上是导游处理与游客关系的一条基本行为准则。它要求导游充分发挥积极性、主动性、创造性；发扬我国勤俭节约、热情好客的优良传统；要有很强的服务意识，能够始终把游客的利益放在第一位，想游客之所想、急游客之所急，把游客满意作为衡量自己工作的唯一标准。

5. 热情大度、清洁端庄

热情大度、清洁端庄是导游在接待游客的过程中应当具备的基本道德品质和道德情操。导游要做到不管游客的态度如何，始终将微笑挂在脸上，关心游客，为游客着想。导游还要注意自己的仪容仪表，做到穿着得体、干净大方，使游客有舒心、满意之感。

6. 一视同仁、不卑不亢

一视同仁、不卑不亢要求导游在整个旅游过程中要做到不因游客的地位、钱财、容貌和肤色而区别对待。此外，导游还要树立爱国主义的思想，对待外国游客要礼貌尊重的同时，不卑不亢，真正体现出我国导游的国格和人格。

7. 耐心细致、文明礼貌

耐心细致、文明礼貌是导游一项最重要的业务要求，它是衡量导游工作态度的一项重要标准。导游对待游客要像对待自己的家人一样耐心、细心、热心，尽自己最大的努力帮助游客解决遇到的问题。导游还要尊重每一位游客的不同生活习惯、宗教信仰、民族风俗等，对待每一位游客要举止文雅、态度友善。

8. 团结服从、顾全大局

团结服从、顾全大局是集体主义原则在导游工作中的具体体现，它要求导游在服务游客的过程中必须以国家和集体的利益为重，讲团结、顾大局，要能够妥善处理与他人之间的关系，杜绝相互指责现象的发生。

9. 优质服务、好学向上

衡量导游道德素质高低的标准是看其是否具有优质服务的意识，导游在工作的过程中必须时刻树立优质服务的意识，对于游客提出的问题要尽心、尽职、尽责地解答；此外，导游还要善于学习、勤于思考，不断提高自己的道德修养和业务水平。

五、导游工作的职责

提供导游讲解服务	根据旅行社与游客签订的合同或约定，导游需要按照接待计划安排和组织游客参观、游览，并为游客提供详细的导游讲解，介绍目的地的文化、历史、风土人情等
安排旅游活动	导游需要负责安排旅游团（游客）在当地的旅游活动，包括交通、餐饮、住宿等，确保旅游行程的顺利进行
提供旅游咨询服务	导游需要耐心解答游客的问询，协助处理旅途中遇到的问题，为游客提供旅游方面的咨询和帮助
维护游客安全与权益	导游在旅游过程中需要保护游客的人身和财物安全，维护游客的合法权益，及时反映游客的意见和要求，协助安排游客的会见、会谈等活动
推广旅游目的地	导游作为旅游目的地的形象代言人，需要向游客展示目的地的美丽风光和丰富文化，调动游客的想象力，让游客对目的地有更深刻的认识和理解
遵守职业道德和法规	导游需要遵守职业道德和法规，按照《导游人员管理条例》和旅游行业规范提供规范的导游服务，不得从事违法违规的活动

 任务实施

一、导游工作性质与角色定位的课堂案例分析

【案例引入】

该案例将围绕一位名叫小李的导游展开，他在本次为期四天的北京旅游团中担任主要导游。

第一天：小李早早地来到了指定集合地点，他热情地向游客们介绍自己，并说明行程安排和注意事项。在前往酒店的路上，他详细介绍了北京的历史文化和此次行程的亮点，让游客们对即将到来的旅程充满期待。

第二天：在故宫的游览中，小李不仅为游客们讲解了故宫的建筑风格和历史背景，还根据游客们的兴趣点，分享了一些鲜为人知的故宫小故事。他耐心解答游客们的提问，并时刻关注游客的需求和安全。

第三天：长城之行，天气突然变得炎热。小李不仅准备了足够的水和防晒用品，还时刻关注游客的身体状况，确保大家能够安全舒适地完成游览。

第四天：旅程结束前，小李组织了一个小型座谈会，让游客们分享此次旅行的感受和收获。他还向游客们征求了意见和建议，以便改进未来的服务。最后，他热情地为游客们送行，并祝愿大家一路平安。

【思考】

（1）根据上述案例，描述导游的工作性质。

（2）在整个旅程中，导游小李扮演了哪些角色？这些角色如何体现导游的角色定位？

二、导游需要具备的职业能力和职业素质的课堂案例分析

【案例引入】

第二天游玩回到宾馆后，同行的王某上吐下泻，病得很厉害。于是导游小李急忙赶往王某的房间。途中，一位游客告诉导游，自己的包落在了游览接送车上。面对这种情况，导游小李看望了患者王某后便当机立断，立刻打电话请宾馆工作人员帮忙看护，并请前台安排好出租车，让随团的工作人员小张与宾馆工作人员一起将患者王某立即送入医院。接着与负责接送的大巴司机联系，查问是否有遗落的游客包，待查明后再告诉游客。此时已接近游客用餐时间，于是他将游客们带至餐厅，将该团在当地活动安排告知，并听取了大家的意见。待小张带着王某回饭店后，又将同大家商谈日程的结果告诉了他们两人，询问了王某的身体状况并听取了他们的意见。

【思考】

（1）请对案例中导游小李在面临意外情况时的应变能力进行评价。如果你是该团导游，面对此情况将如何处置？

（2）你认为导游在工作中还应该具备哪些核心技能和素质？为什么？

三、导游的职责实训任务

【视频导入】

播放一段导游工作的视频（视频请扫二维码），让学生直观地了解导游的工作场景。

导游工作

【角色扮演】

（1）将学生分成若干小组，每组 4~5 人成立旅游团，参加为期四天的北京游。

（2）分配角色：包括导游、游客、景点工作人员等；学生进行角色扮演，模拟导游带团游览的过程，包括接到团任务的准备工作、解答游客提问、处理突发状况等。

（3）小组讨论：角色扮演结束后，学生回到座位，进行小组讨论；讨论内容包括导游在出行前的准备工作、游览中的职责与技能、如何提升导游服务质量等。

（4）分享交流：每组选派一名代表，将小组讨论的结果进行分享交流；其他组同学进行点评和提问，进一步加深对导游职责的理解。教师总结学生的分享交流内容，强调导游的职责；提出改进意见和建议，帮助学生提升导游服务能力。

（5）课后拓展：学生撰写一篇关于导游职责的感想或体验报告。

 任务实训

1. 小组讨论后，以个人为单位完成课堂案例分析，掌握导游的工作性质和角色定位，以及应具备的能力和素质。

2. 播放一段导游工作的视频（视频请扫第 8 页二维码），让学生直观地了解导游的工作场景后，以 4~5 人为小组，以参加为期四天的北京旅游团为主题，完成课堂角色扮演，在任务中掌握导游的工作职责。

 任务评价

学生自评

主要内容	自我评价	
	我学会了	我的问题
导游服务的概念及性质		
导游的角色定位		
导游工作的原则		
导游需要具备的职业能力和职业素质		
导游工作的职责		
7S 素养体现情况		

教师评价

任务名称	考核项目	考核内容	评分		备注
			分值	得分	
初识导游工作	知识准备	认真学习教材，预习新知识	10		
	教学过程	积极参与小组讨论，独立完成案例分析，在教学中学习专业技能和相关知识	20		
	训练任务	完成角色扮演，体验导游的工作职责	30		
	学习主动性	积极承担学习相关工作任务，实训中主动学习相关专业知识	10		
	7S 素养	遵守实训室及相关场地规章制度，穿着统一服装，按要求进行实训，具备环保意识和良好的行为习惯，保持实训室及相关场地卫生	10		
	纪律性	遵守学习纪律，不迟到、早退，不做与教学无关的事情	20		
总评			100		
评价人签名：			_____年___月___日		

任务二　导游服务礼仪

任务描述

　　导游是旅游业最具代表性的工作者，是旅游活动中重要的人物角色，更是旅游服务接待工作的支柱力量。在全部旅游行程中，导游是与游客接触最多、相处时间最长的人。导游留给游客的印象，往往代表着游客对一个地区、一个民族，甚至一个国家的形象。因此，导游在不断提升个人业务技能水平的同时，更要注重加强提升自身礼仪修养。

任务导入

　　一位英国老奶奶到中国游览观光，对接待她的导游小姐评价颇高，认为她服务态度好，语言水平也很高，便夸奖导游小姐说："你的英语讲得好极了！"小姐马上回应说："我的英语讲得不好。"英国老奶奶一听生气了，"英语是我的母语，难道我不知道英语该怎么说？"

　　上述英国老奶奶为什么会生气？结合导游服务礼仪，分析上述案例中导游小姐存在哪些不妥当的地方，导致英国老奶奶生气。

学习地点

模拟导游实训室、室外实训场。

<<< **ZHISHI ZHUNBEI**
>>> **知识准备**

一、礼仪基本介绍

（一）礼仪的概念

礼仪是指人与人在交往的各种环境中所表示出的友好和尊重的行为规范，是人们在日常生活中，尤其是在交际场合，互相表示尊敬、问候、慰问、致意，以及给予必要协助和照顾的形式。

礼仪应具体体现在仪容、仪表、语言、行为、举止等方面。

（二）现代礼仪的原则

1. 尊重原则

遵守公德、遵时守信、真诚友善、谦虚随和，自觉遵守礼仪，规范自己的言行。

2. 平等原则

"己所不欲，勿施于人"，礼仪最重要的是自我反省，自我约束控制，礼仪必须从自身做起。

3. 适度原则

强调交往双方要相互谦让、相互尊敬，更强调要先重视、尊敬对方。

4. 自律原则

要求人们运用礼仪时，既要严于律己，更要宽以待人，不可求全责备、过分要求、得理不让人。

5. 宽容原则

对任何交往对象都要予以同样尊重、不应分贵贱，也不必考虑年龄、性别、种族、文化、职业等因素。

（三）服务礼仪的概念

服务礼仪就是在服务工作中，对客户表示尊敬、关心的行为或准则。

二、导游服务礼仪

导游若想在旅游服务中同游客建立良好的关系，一方面取决于导游自身的业务技能水平,另一方面离不开导游自身的礼仪素养。

(一)基本礼仪规范

导游的基本礼仪规范包括以下内容:

1. 守时守信

遵守时间是导游应遵循的最为重要的礼仪规范。游客参观游览活动都有一定的行程安排,并且具有较强的时间约束性。导游作为参观游览活动的引导者,必须尽早将每天的日程安排清晰无误地告知到每位游客,并做到随时提醒。同时,导游应按照约定时间提前到达集合地点,按规定时间与游客会面。如遇特殊情况,必须耐心地向游客解释,以取得谅解。此外,导游还应做到诚实守信,游客对导游的信任感,是行程能否顺利进行的基础,对于答应游客的事情,必须尽力帮助处理并及时告知处理结果。

2. 尊重游客

导游在带团过程中,应尊重游客的宗教信仰、风俗习惯、文化差异,要特别注意他们的宗教习惯和禁忌。接团前,提前了解游客信息,掌握特殊情况游客的禁忌事项。行程中对游客应一视同仁,不厚此薄彼,但对于旅游团中的年长者、女士、幼童及残疾游客等特殊人员应给予更多的关照,做到照顾有加而非怜悯、同情。对于重要游客的接待服务,导游应把握好分寸,做到不卑不亢、以礼相待。对随团的其他工作人员(如领队或全陪)也应给予应有的尊重,遇事多沟通多交流,多主动听取对方意见,礼貌待人。

3. 互敬互谅

导游带领游客游览只是整体旅游接待工作的一个重要组成部分。行程的顺利进行同样需要其他相关旅游接待人员的服务与配合,尤其是随团的汽车司机,以及旅游景点购物场所、景区、酒店中为游客提供直接和间接服务的一系列工作人员的通力合作与大力支持,是导游接待服务工作圆满完成的有力保障。因此,导游要尊重每位旅游服务工作者,体谅不同岗位接待工作的难处,积极配合他们的工作,这些也是能够体现出导游良好礼仪素养的重要方面。

(二)仪容礼仪

仪容主要指人的容貌。仪容的关键在于整洁。整洁的仪容不仅体现个人形象问题,更是在对外服务和人际交往中取得成功的必要条件。在日常生活中养成讲卫生、爱清洁的习惯,不仅是导游个人文明的表现,也是导游职业礼仪的基本要求。上岗时,导游更应注重仪容整洁。

(1)注意头发清洁和整齐。头发要经常梳洗,长短适宜,不存有头屑,不梳怪异发型,不染过分夸张的颜色。此外,不宜当众梳头,以免失礼。

(2)注意口腔、鼻腔清洁。导游应注意早晚刷牙,饭后漱口,做到口腔无异味。带团前忌吃大蒜、韭菜等易留异味的食物,必要时可用口香糖或茶叶来减少口腔异味。不能当着游客的面出现擤鼻涕、挖鼻孔等不雅行为，遇到咳嗽、打喷嚏时注意遮掩口鼻。

（3）注意面容整洁。导游应注意面、眼角、颈部、胡须干净。为保持面容光泽，女士可施淡妆，但不要浓妆，不当众化妆或补妆。男士应注意修短鼻毛，不蓄须。

（4）注意手部清洁。指缝要保持干净，指甲要及时修剪，不留过长指甲，指甲内不藏污垢，不宜涂抹有色指甲油。

（三）仪表礼仪

仪表是礼节方面给人的第一印象，而着装礼仪是构成仪表的主要内容，它能够反映出一个人的文化修养和审美意识。

在基本礼仪规范中，服装要做到得体、适时，保持平整、干净，不敞胸露怀。佩戴的胸花、领带应整齐、干净。仪表服饰礼仪是导游给游客留下良好第一印象的重要组成部分。

1. 着装的基本原则

（1）TPO原则。

TPO原则是人们着装的总原则。"TPO"在英语中是time（时间）、place（地点）、occasion（场合）三个单词的首字母。它是指人们在着装时，要注意与时间、地点、场合相适应。

①与时间相适应。在西方，不同的时间里有不同的着装要求。例如，男士在白天不能穿小礼服和晚礼服，在夜晚不能穿晨礼服；女士在日落前不能穿过于裸露的礼服。

②与地点相适应。这是指根据不同国家、不同地区所处的地理位置和自然条件的要求来着装。例如，在气候炎热的地方，服装以浅色或冷色调为主；在寒冷的地区，服装则以深色或暖色调为主。

③与场合相适应。这里的场合主要指上班、社交、休闲三大场合。上班要穿得整洁、大方、美观，不宜过度妖艳。社交要穿得时髦、时尚又不失高雅，在出席婚礼、宴会等重要场合时，女士既可以穿西装和中式服装，也可以穿旗袍和晚礼服；男士可以着中山装，也可以着正规西装，但必须系领带。休闲装要穿得随意、宽松、舒适，郊外游玩的首选是棉质的衬衣、T恤、牛仔装，这些可以使人显得轻松和惬意。

（2）配色原则。

一般而言，黑、白、灰是服装搭配最常用的三种颜色，这三种颜色最容易与其他颜色的服装搭配并取得良好的效果。因此，这三种颜色被称为"安全色"。另外，服装色彩的搭配要遵循上深下浅或上浅下深的原则，可采取同类型配色或衬托配色的方式，例如，绿色配黄色、浅蓝配粉红、深蓝配红色等。

不同颜色的服装穿在不同的人身上也会产生不同的效果。如深色的衣服，特别是黑色、深蓝色、深咖色等给人以收缩感，胖人穿着会显得苗条。反之，浅色的衣服给人以扩张感，适合瘦人穿着。

2. 着装的基本要求

（1）要与年龄相协调。

不同年龄的人有不同的审美观和不同的穿着要求。年龄大些的人喜欢穿深色保守款以显得成熟稳重，年龄小些的人喜欢穿亮色时尚款从而显得青春活泼。

（2）要与体形相协调。

服饰要因人而异、扬长避短。胖人穿深色、竖条纹的衣服会显得身材苗条清秀些；瘦人穿浅色、横条纹的衣服则可以显得圆润丰满些。肤色较白的人穿深色衣服能够衬出皮肤的细腻、白嫩；肤色较深的人穿浅色服装则会显得时尚、健美。

（3）要与职业相协调。

导游相当于旅游地的形象大使，不宜留怪异发型、穿奇装异服，否则会显得缺乏亲和力。导游应选择适合户外工作特点、大方得体的服饰。

（4）要与环境相协调。

在喜庆场合不能穿得太古板，在悲伤场合不能穿得太花哨，在庄重场合不能穿得太随意，在休闲场合不能穿得太隆重。高跟鞋和西装套裙显得高雅大方，适合在参加宴会时穿，但不适合去登高探险、郊外野营。

3. 正装的着装规范

在某些正式场合导游需要穿正装出席，男士需要掌握着西装的规范，女士需要掌握着套裙的规范。

（1）男士西装的着装规范。

①西装的穿法。

要拆除衣袖上的商标：在正式穿西装之前，一定要拆除商标。

要熨烫平整：在每次正式穿西装前要进行熨烫，穿后应及时挂起，以保证下次穿着时平整挺括。

要系好纽扣：穿西装时，上衣、背心与裤子的纽扣都有一定的系法。通常，单排两粒扣式的西装上衣，应遵循"扣上不扣下"的原则，即只系上边那粒纽扣，或全部不系；单排三粒扣式的西装上衣，要么只系中间那粒纽扣，要么系上面那两粒纽扣。而双排扣的西装上衣必须系上所有纽扣，以示庄重。穿西装背心，不论是单独穿着，还是与西装上衣配套，都要认真地系上纽扣。

在一般情况下，西装背心只能与单排扣西装上衣配套。西装背心分为单排扣式和双排扣式两种。根据着装惯例，单排扣式西装背心的最下面那粒纽扣应当不系，而双排扣式西装背心的纽扣则必须全部系上。

要不卷不挽：在公众场合，任何情况下都不要将西装上衣的衣袖挽上去，也不能随意卷起西裤的裤管，否则会给人以粗俗之感。

要慎穿毛衫：男士要将西装穿得挺括有型，除了衬衫与背心之外，在西装上衣之内，最好不要再穿其他任何衣物。在气候寒冷的地区，只能加一件薄领羊毛衫或羊绒衫，这样既不会显得过于花哨，也不会妨碍打领带。此外，不要穿色彩、图案十分复杂的羊毛衫或羊绒衫，更不要穿扣式的开领羊毛衫或羊绒衫，否则会使西装变形走样，给人以臃肿感。

要巧妙搭配：西装的标准穿法是衬衫之内不再穿其他衣物。在正式场合，不穿衬衫，而以 T 恤直接与西装搭配的穿法是不允许的。

要少装东西：穿着西装时要想保持外观上的笔挺、不走形，应当在西装口袋里少装东西或者不装东西。具体而言，西装不同的口袋发挥着各不相同的作用。上衣左侧的外胸袋除可以插入一块用以装饰的真丝手帕外，不应再放其他任何东西，尤其不应当放钢笔、挂眼镜；内侧的胸袋，可以用来放钢笔、钱夹或名片夹，但不要放过大、过厚的东西或叮当作响的钥匙串等物；外侧下方的两只口袋，原则上不放任何东西。

②正装衬衫的穿法。

衣扣要系上：穿西装的时候，衬衫的所有纽扣都要一一系好。在穿西装而不打领带的时候，必须解开衬衫的领扣。

袖长要适度：穿西装时，衬衫的袖子最好露出西装袖口 2 厘米左右。

下摆要放好：穿长袖衬衫时，不论是否穿外衣，都要将下摆均匀掖进裤腰之内。

大小要合身：除休闲衬衫外，衬衫既不宜过于短小紧身，也不应过分宽松肥大。

③鞋袜的穿法。

与西装配套的鞋子只能是皮鞋，颜色宜选用深色和单色。

黑色皮鞋可以和任何颜色的西装配套。

男士在穿西装、皮鞋时所搭配的袜子，以深色和单色为宜，最好是黑色的。

（2）女士套裙的穿法。

①套裙的上衣可以短至腰部，裙子可长达小腿的中部。一般情况下上衣不宜太短，裙子也不宜过长。上衣的袖长不超过着装者的手腕，裙子不盖过脚踝。

②穿着到位。在穿着套裙时要将上衣的领子完全翻好，衣袋的盖子要拉出来盖住衣袋；不允许将上衣披在身上，或者搭在身上，裙子要穿着端正，上下对齐。女士在正式场合穿套裙时，上衣的衣扣必须全部系上，不允许将其全部或部分解开，更不允许当着别人的面随便将上衣脱下。

③考虑场合。女士在各种正式的商务交往之中，一般以穿着套裙为好。在出席宴会、舞会、音乐会时，可酌情选择适合参加这类活动的礼服或时装。

④协调妆饰。女性导游在工作岗位上要突出的是工作能力和敬业精神，而非自己的性别特征和靓丽容颜，所以应当只化淡妆，恰到好处即可。

就佩饰而言，饰物以少为宜，要合乎自己的职业和身份。不允许佩戴过度张扬的耳环、手镯、脚链等首饰。

⑤女士在选择与套裙相配的鞋袜时要注意：鞋袜应当大小适宜完好无损，鞋袜不可当众脱下，不允许穿两只不同的袜子，不可将袜口暴露在外。

（3）注意职场着装六禁忌。

①过分杂乱；②过分鲜艳；③过分暴露；④过分透视；⑤过分短小；⑥过分紧身。

4. 其他注意事项

导游除了遵循职业工作者的基本服饰礼仪规范要求外，还应该注意以下五个方面：

（1）应按照旅行社或有关部门的相关规定统一着装。无明确规定者，则以选择朴素、整洁、大方且便于行动的服装为宜。带团时，导游的服装穿着不可过于时尚、怪异或者花哨，以免喧宾夺主，使游客产生不必要的反感。

（2）无论男女，导游的衣裤都应平整挺括。特别要注意衣领、衣袖的干净；袜子应常换洗，不得带有异味。

（3）男士不得穿无领汗衫、短裤，且不得赤脚穿凉鞋参加外事接待活动。女士可赤脚穿凉鞋，但趾甲应修剪整齐。女士穿裙装时，注意袜口不可露在裙边之外。

（4）进入室内后，男士应摘下帽子，脱掉手套；女士的帽子、手套则可作为礼服的一部分允许在室内穿戴。无论男女，在室内都不可戴墨镜，如有眼疾非戴不可，则应向他人说明原因。

（5）带团时，一般除了代表本人婚姻状况的戒指外，导游的饰物佩戴不宜过杂、过多。

（四）仪态礼仪

仪态是指人在活动中各种身体姿势的总称。导游合乎规范、大方优雅的工作仪态是其带团必须达到的基本礼仪要求。

（1）站姿。导游的站姿总体要求稳重、自然。双眼平视前方，下颌微微内收，颈部挺直。双肩自然放松端平且收腹挺胸，双臂自然下垂处于身体两侧（除手持话筒外）。女士将双手自然叠放于小腹前，右手叠放在左手上，两腿并拢，两脚呈丁字形站立；男士右手轻握左手的腕部，左手握拳，放在小腹前或置于身后，脚跟并拢，脚呈 V 字形分开，两脚尖间距约一个拳头的宽度，或双脚平行分开与肩同宽。

（2）坐姿。端稳是导游坐姿的基本要求。即便是在行进的汽车上，导游也应注意保持规范的坐姿，双手可搭放在座位的扶手上，或交叉于腹部前，或左右手分放于左右腿之上。双腿自然弯曲，两膝相距，男士以一拳为宜；女士双膝应并拢，切忌分腿而坐。此外，无论男女坐姿均不可前倾后仰、东倒西歪，不跷二郎腿，以脚底示众，不随意抖动腿脚。

（3）行姿。行姿是导游最主要的一种工作姿态，如前行引导，登山涉水，导游无不靠行走来完成其导游工作。带团时，导游的步态应从容、轻快，即上体挺直，抬头含额，收腹挺胸，身体重心略向前倾;双肩放松，两臂前后自然摆动;步幅适中、均匀，步位平直。行进中，要避免弓背、哈腰、斜肩、左右晃动、双手插袋、步伐滞重，更不宜随意慌张奔跑。

（五）导游语言

1. 导游语言基本要求

一般而言，导游语言的表达应力求做到：达意、流畅、得体、生动和灵活。

（1）达意。语言的达意要求导游所传递的信息不但要准确，而且要易被游客理解。达意的导游语言要求：一是发音正确、清楚；二是遣词造句准确、简洁；三是表达有序，条理清晰。总之，导游语言切忌空洞无物、言过其实，更不该无中生有，胡编乱造。

（2）流畅。流畅即要求导游的语言力求表达连贯，除了特殊情况外，言语表达中不做较长时间的停顿，要语速适中，快而不乱、慢而不滞。此外，要注意避免口语表达中过多的重复和停顿，以及不良的习惯，以免影响游客的聆听效果。

（3）得体。得体就是言语运用要妥当、有分寸。得体的导游语言必须符合导游的角色身份，以做到体现出对游客的尊重为前提。在带团过程中，应多使用敬语和服从语，运用委婉、征询的句式与游客交流。此外，还应避免触及游客的言谈忌讳。

（4）生动。生动是导游语言最为突出的特点。导游在讲解内容准确的前提下，应善于运用生动、有趣且具感染力的语言活跃气氛，以趣逗人，增加游客游玩的兴致。切忌照本宣科、死板老套地讲解，更应杜绝"黄色幽默"和低级趣味的笑话。

（5）灵活。灵活强调的是导游的语言表达应做到因人、因地、因时而异，导游在讲解时必须充分考虑游客的文化背景、认知水平、宗教信仰、兴趣爱好及职业特点等异同，并据此有针对性地决定讲解内容的取舍和表达方式的选择，以提高游客的理解能力和游玩乐趣。

2. 导游语言注意忌谈话题

（1）非特殊场合不要涉及疾病、死亡等不愉快的话题。

（2）回避对方的隐私。对于女士一般不询问其年龄和婚姻情况；对一般人不直接询问履历、工资收入、家庭财产、衣饰价格等私人问题。

（3）对方不愿意回答的问题不要刨根问底。

（4）不要批评长辈和身份高的人，不要讥笑讽刺他人，对宗教问题也应持慎重态度。

（5）不能用词尖酸刻薄，恶语伤人。

（6）不能用傲慢失礼的话伤害对方的自尊心。

（7）和外国游客交谈时不得胡言乱语或泄露国家机密。

语言是导游服务的重要手段和工具，语言得体是导游讲解最基本的要求。导游的服务效果在很大程度上取决于其语言的表达能力。导游服务过程中要注意忌谈话题内容，同时也要善于运用下面常用礼貌用语。

（1）谢谢你：无论他人给予你的帮助多么微不足道，都要诚恳。

（2）答谢：如"没什么""别客气""我很乐意帮忙""应该的"。

（3）道歉：有诚意，及时道歉。切忌先辩解，好似推脱责任。

（4）请：常挂嘴边。如"请问""请原谅""请留步""请用餐""请稍候"。

（六）日常导游活动礼仪

（1）在带团时，导游应于出发前10分钟到达集合地点；游客上车时，导游应主动、恭敬地站立于车门口，欢迎每一位游客，并协助其上下车，待游客全部上车后方可上车。

（2）游客落座后及时清点人数。清点人数时，有条件者可使用计数器清点，亦可用默数或标准点人数法清点，即右手自然垂直向下，以弯曲手指来记数。忌用社旗来回比画，也不能用手拍打游客的肩背部位，更不得用单手手指对游客头部或脸部指指点点。

（3）在车上作沿途讲解时，导游站姿要到位，表情要自然，与游客保持良好的视觉交流，目光应关照全体在场者，以示一视同仁。手持话筒讲解时，音量适当，手势力求到位，动作不宜过多，幅度不宜过大。

（4）在到达目的地之前，应提前将要进行的活动安排、集合时间和地点等相关信息准确无误地向全体游客通告，并再次告知旅游车的车牌号码及司机姓名，以方便掉队者寻找。

（5）带团期间，导游应随时提醒游客注意行路安全，凡遇难以行走或拐弯之处，应提前提醒游客多加注意，对年老体弱者更应及时提供必要的帮助。导游的行走速度不宜过急过快，以免游客掉队或走失。

（6）带客游览过程中，导游应认真组织好游客的活动，做到服务热情、主动周到。导游讲解应内容准确、表达流畅、条理清楚、语言生动、手法灵活。此外，还应注意给游客留有摄影时间。

（七）导游带团过程中的基本礼仪

1.基本礼仪规范及要求

（1）导游应将表明自己工作身份的胸牌或胸卡，如导游证或领队证，按有关规定佩戴在上衣胸前指定的位置。

（2）带团时，导游应自觉携带旅行社社旗，行进中，左手持旗，举过头顶，保持正直，以便队尾的团友及时跟进。将社旗拖于地面或扛于肩头都是不合乎规范的做法。

（3）手持话筒讲解时，话筒不应离嘴过近，也不要遮住口部。

（4）团队离开活动场所之前，应及时提醒游客注意安全，随身携带好自己的贵重物品。

（5）带团购物必须到旅游定点商店，游客下车前，要向游客讲清停留时间和有关购物的注意事项。

（6）讲解时或在公共场所不得吸烟。

（7）带团行走时，不应与人勾肩搭背；候车、等人时不宜蹲着歇息。

2. 导游带团服务九要点

①嘴巴甜一点；②脑筋活一点；③行动快一点；④效率高一点；⑤做事多一点；⑥理由多一点；⑦肚量大一点；⑧脾气小一点；⑨说话轻一点。

3. 导游个性化服务策略

（1）善于察言观色，主动服务（观察游客面部表情，手势、身体姿态等动作表情；听游客的言语特点）。

（2）善于调动和保持游客的兴趣。

（3）善于联系游客熟悉的事物。

（4）善于针对游客的不同需求安排活动。

（5）善于发挥自己的特长。

（6）善于将心比心（细微之处见真情）。

 任务实施

导游的基本工作职责是提供良好的讲解服务和旅行服务。在这一过程中优质的导游服务礼仪可以为行程的顺利进行起到锦上添花的作用。

【案例引入】

A旅行社导游苏小姐，正值青春妙龄，长得亭亭玉立，楚楚动人。苏小姐家境颇为殷实，本人也好打扮，喜好浓妆，衣饰总是赶超时代潮流。

某一次，苏小姐接待了一个境外奖励旅游团，旅游团成员多为30岁左右的女士。当苏小姐接团时，因为堵车，所以到达与游客约定的见面地点迟到了20分钟。苏小姐匆忙召集游客时连声说"对不起，我迟到了"。一头金黄色的大波浪卷发披散在肩，浓艳的妆容、潮流的衣饰衬得苏小姐更加靓丽，这使得旅游团的各位女士黯然失色。在游览期间，导游苏小姐不停变换名牌服装、配饰，更加显得旅游团各位女士游客成了她的反衬者。在游览过程中，苏小姐讲解生动形象，为人亲切，服务周到，但是年轻的女游客总是不愿意与她待在一起，这让导游苏小姐总有种被冷落的感觉。

【分析】这是一起典型的导游衣饰喧宾夺主的案例。

【思考】导游苏小姐在仪容、仪态等礼仪中有哪些不妥之处？

任务实训

一、理论考核

1.【多选题】下列关于导游相关礼仪规范的说法中，正确的有（　　）。

A. 服装应时尚前卫，突出行业的前沿性

B. 为了拉近与游客之间的关系，可以主动跟游客聊一些个人情况的话题

C. 在迎接游客时，导游应该主动先伸手表示友好

D. 化妆应与工作环境相适应，以自然修饰为佳

E. 导游清点人数时，不宜用手指点

2.【单选题】下面关于导游礼仪的表述中，正确的是（　　）。

A. 穿西装时应遵循"扣上不扣下"的原则

B. 涂抹香水的最佳部位是光线能照射到的手臂

C. 可以及时当众补妆，但不要借用别人的化妆品

D. 可以询问游客的详细履历，但不要询问工资收入

3.【单选题】导游着装应注重服装色彩的搭配，一般来说，（　　）是服饰搭配最常见的三种颜色，它们最容易与其他颜色的服装搭配并产生良好的视觉效果。

A. 黑、黄、白　　　　B. 黑、灰、白　　　　C. 黑、蓝、白　　　　D. 黑、清、白

二、情景演练

某旅行社导游即将接待一个来自宁夏30人的旅游团，该旅游团多数为30~40岁的女士，都为回族游客，如果你是负责接待并带队游览的导游，在接待礼仪以及游览过程中需要注意哪些？

要求：全班分成6组，每组5~6人，小组制订接待及游览计划，着重注意接待礼仪及游览中导游礼仪的注意事项，小组派代表展示接待礼仪及游览行程的礼仪注意事项。

 任务评价

学生自评

主要内容	自我评价	
	我学会了	我的问题
导游服务礼仪规范要点		
导游仪容礼仪规范		
导游仪表礼仪规范		
导游仪态礼仪规范		
导游接待礼仪要点		
导游行程礼仪规范		
7S素养体现情况		

教师评价

任务名称	考核项目	考核内容	分值	得分	备注
导游服务礼仪	知识准备	认真学习教材，预习新知识	10		
	教学过程	积极参与训练任务，在教学中学习礼仪知识与技能	20		
	训练任务	独立完成理论考核，小组完成情景演练	30		
	学习主动性	积极承担学习相关工作任务，实训中主动学习相关专业知识	10		
	7S素养	遵守实训室及相关场地规章制度，穿着统一服装，按要求进行实训，具备环保意识和良好的行为习惯，保持实训室及相关场地卫生	10		
	纪律性	遵守学习纪律，不迟到、早退，不做与教学无关的事情	20		
总评			100		
评价人签名：			_____年___月___日		

训练二

导游技能训练

素养目标 →

1. 培养学生对导游职业岗位的认同感，提高学生的职业道德水平；

2. 通过课程学习，培养学生的知识探究能力、团结协作能力和创新意识；

3. 启发学生对中国传统文化的认同和尊重，提高学生在文学、历史、地理等方面的素养，培养学生的审美能力和文化素养。

知识目标 →

1. 掌握导游工作程序；

2. 掌握准备阶段的工作要点，能够独立完成接待工作计划的编写；

3. 掌握迎接阶段的工作要点及注意事项，能够讲解欢迎词及首次沿途导游内容；

4. 掌握途中导游和景点导游的工作要点及常见讲解方法；

5. 掌握送行阶段的工作要点及注意事项；

6. 掌握导游词编写的方法和技巧；

7. 掌握自然景观和人文景观的讲解技巧及方法。

能力目标 →

1. 能够独立完成接待工作计划的编写；

2. 能够完成迎送阶段欢迎词和欢送词的编写并进行讲解；

3. 熟悉接团和送团的注意事项；

4. 能够完成导游词的编写任务；

5. 能够顺利完成自然和人文景观的讲解。

任务一　导游工作程序

 任务描述

　　旅游团队的接待工作由全程陪同导游（简称"全陪"）、地方陪同导游（简称"地陪"）和领队集体完成。在实施接待计划的过程中，全陪、地陪和领队的工作内容和方法是不同的，但地方陪同导游服务无疑是导游服务的主体。本任务训练的导游工作程序仅限地方陪同导游。同学们，让我们一起开启我们地陪的旅程吧！

 任务导入

　　北京某旅行团一行28人于6月15日由北京乘某高铁在10：28抵达承德南站，入住嘉和国际酒店，承德春秋旅行社派小王进行接待。

　　按照地陪的服务规范进行分析：

　　1.导游的工作程序应该是怎样的？

　　2.写出致该团抵达承德市的简短欢迎词；

　　3.该团抵达酒店后，地陪如何根据出团计划开展相应工作？

🏕 **学习地点**

　　模拟导游实训室、室外实训场。

ZHISHI ZHUNBEI
>>> 知识准备

一、导游工作程序的特点

　　程序是按时间先后或依次安排的工作步骤。导游工作程序是指导游从接受旅行社下达的旅游团接待任务起，到旅游团旅游结束并做完善后工作为止的工作流程。俗话讲"没有规矩无以成方圆"，而导游工作程序就是导游服务标准化的具体实施过程，它为导游的服务操作提供了依据。

（一）规范性

国家技术监督局于 1995 年发布的国家标准《导游服务质量》（GB/T 15971—1995）[①] 规定了导游的服务规范，该标准具有内容上的权威性和形式上的可操作性，使导游工作能够有章可循，有据可依。

当前旅游业正迅猛发展，随着游客旅游经历日益丰富，游客的消费观念日益成熟，这就使他们对导游的工作要求也更加规范。

部分导游服务国家标准

（二）科学性

在长期的导游工作实践过程中，导游工作表现出了明显的实践特征和严谨的科学态度。

第一，导游工作程序的科学性表现为时间顺序的合理性。

经过多年的工作实践，导游工作开展的先后顺序已经形成了合理的工作链条，如果不依照此工作，那么就会打乱旅游活动的正常秩序，旅游质量更是无法保证。

第二，导游工作的科学性顺应了游客的心理需要。

游客在旅游活动中自旅游初期至旅游适应期，到旅游结束期都有着不同的心理需求，而长期以来总结出来的导游工作的科学性就是根据游客的特点制定出来的，在工作中会使游客在自然的感觉中完成一次旅游活动。

第三，导游工作的科学性满足了旅游服务的综合性特征。

旅游活动具有综合性特征，在旅游活动中包含了吃、住、行、游、购、娱六大要素。在旅游活动中，导游只有严格按照在长期工作中总结出科学性的导游工作程序执行，才能按部就班地轻松驾驭本职工作。

（三）可测性

导游工作是一项灵活的工作，在实际工作中具有很强的不可预见性。为保障旅游活动的顺利完成，具体的导游工作程序既具有指导意义，又具有衡量导游服务的可测性标准。

综上所述，每一位导游都应对导游工作程序予以高度重视。

二、导游接待准备工作

俗话说"不打没有准备的仗"。导游工作也是如此，在每次接团之前，做好充分的准备工作，是顺利完成接待任务的重要前提。准备得越充分，旅游团的运转就越顺畅。因此，一定要按照程序完成接待前的准备工作。

---

① 最新国家标准为国家市场监督管理总局、国家标准化管理委员会发布的《导游服务规范》（GB/T 15971—2023）。

（一）熟悉接待计划

接待计划，是组团社委托各地方接待旅行社组织落实旅游团活动的契约性安排，是导游了解该旅游团基本情况和安排活动日程的主要依据。

熟悉接待计划的目的就是使导游了解旅游团的基本情况，明确服务项目与服务标准，预见在今后的接待过程中可能发生的问题，做好相应的准备措施，以便在旅游团抵达之前做到心中有数，按质按量地完成接待任务。

（二）制订接待工作计划

地方陪同导游应熟悉接待计划的内容与要求，如表 2-1-1 所示。

熟悉接待计划

表 2-1-1　导游接待计划的内容与要求

了解的内容	了解的目的	采取的措施
旅游团概况： ①组团社名称及领队、全陪姓名和联系方式； ②主要联络人的姓名、电话； ③客源国（地）及其使用的语言； ④旅游团名称、代码； ⑤旅行社标识，提供给团队成员的标志物	①以前是否合作过，便于接站、合作和有事及时联系； ②提供有针对性的服务； ③利于接站； ④利于与其他接待部门的确认	①记录； ②书写接站牌
旅游团成员的情况： ①团队人数； ②职业、阶层； ③性别； ④出生年月； ⑤民族与宗教信仰	①利于接团后核对； ②利于提供有针对性的服务； ③根据男女比例决定服务的方式，通过了解年龄结构，可制定合理行程，确定重点关照对象； ④了解旅游期间有无过生日者； ⑤决定讲解方式和服务内容	①准备生日蛋糕、小礼品； ②与餐厅联络； ③与景点联络
旅游路线： ①全程路线； ②乘坐交通工具及抵离时间、班次、地点； ③在当地是入境后第一站还是离境前最后一站或是中间站； ④游客行李随车自带还是托运	便于接站、送站	①合理安排行程； ②与组团社协调
交通票据情况： ①去下一站的交通票据是游客自理还是接待社代订； ②座别为火车票还是飞机票或船票； ③有无返程车票	便于落实交通票据问题	

了解的内容	了解的目的	采取的措施
特殊要求和禁忌： ①住房要求： a. 房间数量及类别、朝向； b. 有无自然单间； c. 有无 VIP 房； d. 有无加床。 ②餐饮要求： a. 早餐为中早还是西早； b. 正餐是否含酒水； c. 有无禁忌； d. 有无风味餐。 ③游览要求： a. 有无必去的景点； b. 在景区内有无专门的活动； c. 有无自费项目； d. 讲解要求。 ④用车要求： a. 车型、座位数； b. 行李运送。 ⑤其他要求： a. 会见、参观； b. 老弱病残的特别照顾	便于安排食、住、游、行事宜	①与酒店联络； ②与餐厅联系； ③与相关单位联络； ④准备相应的物品，如轮椅、拐杖、氧气袋等
标准与付费： ①服务项目是综合服务还是单项服务； ②机场建设费的支付； ③收费标准及等级； ④自费项目； ⑤挂账签单和现付的项目； ⑥现付的标准； ⑦小孩的付费标准； ⑧70 岁以上老龄游客的付费	便于安排相关事宜	了解有关景点的相关规定和政策

（三）落实接待事宜

在熟悉了接待计划的基础上，导游应在团队抵达前，与有关部门联系，落实各个方面的接待事宜。

1. 核对接待计划

为防止旅游接待计划的内容过于笼统，或旅游团临时更改计划给导游工作带来不便，导游必须在接团前与相关部门进行联系，以防止工作中出现漏洞。

（1）计划变更。

认真核对接待计划中的各项内容，如有变化，应以最近时段的变更为准，防止工作出现差错。

【案例引入】

　　A旅行社导游周某，接到一新加坡旅游团的接待计划，日程是晚上22：00乘火车抵达B市，当晚入住饭店，第二天游览B市后乘汽车赴A市游览。10天后，周某乘坐接团的旅游车从A市赴B市接团。抵达B市后，周某还事先向饭店索要了房号并领取了房间钥匙。当晚，周某与司机一起开车赴火车站接团。待该次列车乘客已全部出站，周某也没有见到游客出现。于是，导游周某便与本社工作人员进行联系，询问情况。不料，旅行社工作人员的答复却是："哎呀，真糟糕，该团上个星期就已经取消，忘记通知你了。"周某只好立即赶回饭店说明情况并退房。宾馆方面虽同意退房，但提出赔偿要求。

【思考】

　　（1）导游周某有没有责任？如果有责任，导游周某在接团过程中最大的失误是什么？

　　（2）通过学习这个案例，你从中得到哪些启发？

　　（3）导游在遇到问题时应如何处理，从而减少不必要的损失？

分析

　　（2）相关费用。

　　在接团之前应该认真地核对旅游团的相关费用，并予以认真落实，以免给旅行社造成不必要的损失或是接团中出现被动场面。

　　（3）接待细节。

　　在具体接团之前还应进一步落实接团时的各种细节，如以下情况：

　　①过早离开酒店赶飞机的当天早晨的早餐问题。

　　②接早班火车游客下车后的盥洗问题。

　　③旅游期间自由活动的用车问题。

　　④旅游期间游客过生日问题。

　　⑤赴下一站的交通票据落实情况。

　　⑥需要上下站接待社的配合问题。

　　⑦特殊团队的特别活动的安排。

　　⑧座谈时的翻译问题。

2. 落实接待内容

　　在旅游团的接待中，涉及各方面的接待环节，如旅行用车、住房、用餐等事宜都应提前予以落实。

　　（1）落实接待车辆——旅游汽车公司或车队。

　　与汽车公司汽车调度员和接团司机联系，记清司机的姓名、车号、联系电话，落实好会面时间和地点。

（2）落实住房与用餐——宾馆和餐厅。

与宾馆和餐厅联系，确认旅游团的房间准备情况及用餐标准、游客的特殊要求，同时告知团队抵达的时间，请宾馆、餐厅做好准备。

3. 落实游览事宜

（1）对不熟悉的景点事先了解有关情况，包括景点开放时间、游览最佳路线、游览所需时间、停车场位置、车辆途中行驶时间及沿途风光等。

（2）对旅游团在游览中的特殊要求提前与景点联络，比如，宗教团体需在某寺庙从事法事活动，夏令营团队需在某景点举行开营、闭营及其他仪式活动，红色之旅需在纪念地与名人座谈的活动，以及对景点的捐赠活动等。

（四）做好个人准备

1. 个人工作必备物品

个人工作必备物品包括在工作中需要的有关物品，如相关接待单位的联系电话、接待计划与派团单、导游证、导游旗、接站牌、结算单、现金等。

2. 语言和知识准备

语言准备既包括对外团的翻译语言的准备，又包括针对国内团队准备一些可以讨论的热门话题。知识方面应及时更新，创造新意，有新的突破。同一个景点针对不同的游客，讲法不同；去程和返程不同；初次来访者和再次重游者不同。游客的年龄、性别、文化层次、经济状况等差异都会影响到导游讲解的内容和方法。

3. 旅游团需要的物品

因团队要求的不同，需准备的物品也不完全相同。一般而言，主要有发放给游客的旅游资料、供应范围内的饮用水、水果、小食品、手电筒、手机充电器等。

4. 个人用品

为保证或提高服务质量，导游还应携带一些个人物品。包括形象用品、通信工具及其他生活用品等。导游着装应符合作为服务人员的身份，既简洁、整齐大方，又要便于工作。化妆、佩戴首饰要适度，上团必须佩戴胸卡，随身携带导游证副证。

5. 掌握有关部门和人员的联系电话。

有关部门和人员的联系电话包括计调、司机、全程陪同导游、相关饭店、餐厅、景点以及查询和应急电话。

 任务实施

制订旅游计划是实施旅游活动前必不可少的一项工作，作为一名优秀的地方陪同导游，小王通过上面的学习，已经熟悉并掌握如何制订旅游接待计划，接下来让我们动起手来，与小王一起制订一个承德出发华东双飞六日的旅游接待计划吧！

一、领取团队任务单和行程单

小王去旅行社领取团队任务单和行程单，仔细阅读任务单和行程单，掌握团队运行的所有情况。

二、熟悉接待计划

熟悉接待计划，核实交通工具情况，确认全程陪同导游或领队的联系方式并及时联系，明确客人住宿及用餐情况，了解本次旅游团游客是否有特殊要求，提前做好接团准备工作。

三、制订接待工作计划

为了更好地服务好每一位游客，让每一位游客玩得舒心、放心，导游必须全程了解旅游接待计划。接下来让我们和小王一起来制订旅游接待计划吧（见表2-1-2）！

表2-1-2　承德出发华东双飞六日游旅游接待计划

日期	行程安排	含餐	住宿
D1	承德普宁机场集合，乘KN5926次航班飞赴上海。	—	上海或嘉善
D2	早餐后游览苏州"四大名园"之一、被誉为"假山王国"的狮子林（游览时间不少于50分钟）；欣赏苏州华东珍珠博览购物中心太湖珍珠馆（游览时间约70分钟）；参观寒山别院（游览时间约30分钟）。观赏华夏第一法钟（高为8.5米，重达108吨），中华第一诗碑《枫桥夜泊》碑刻（总高15米，宽7米，厚1.5米，总重量440吨，创上海大世界吉尼斯纪录）；中餐享用别具特色的"寒山寺素斋宴"，寒山寺素斋馆西临千年枫桥，南依寒山古刹。听钟声，品素食，悟禅悦人生！游览苏州博物馆（若周一闭馆，则更换游览观前街）（游览时间约40分钟），该博物馆是中国建筑师贝聿铭的呕心沥血之作，堪称苏州园林与现代建筑艺术的一次完美邂逅。之后乘车赴水乡周庄（15：00以后入园）——"黄山集中国山川之美，周庄集中国水乡之美"，海外报刊称周庄为"中国第一水乡"（游览时间约120分钟）。参观周庄最为著名的景点，如富安桥、双桥、沈厅等。 晚上可自费船游具有"东方威尼斯"之称的苏州护城河（感受苏州夜晚的大红灯笼高高挂，再现"君到姑苏见，人家尽枕河"的夜色苏州，收费标准100元/人，费用自理）	早中晚	苏州

续表

日期	行程安排	含餐	住宿
D3	早餐后乘车前往杭州，漫步苏堤、船游西湖（游览时间约40分钟）；参观三潭印月、雷峰夕照，游览花港观鱼（游览时间约40分钟）；参观中国唯一的丝绸博物馆：欣赏西子姑娘时装秀约20分钟＋丝绸展示参观约60分钟。午餐后，逛"南宋御街"旧址——中山北街，以及号称"中华老字号第一街"，经为期两年修整的中山路步行街；逛百年老店，追寻南宋古都文化和历史，龙井问茶。晚餐后可自费参观南宋文化主题公园宋城，欣赏享誉海内外的《宋城千古情》（浏览时间约90分钟），收费标准：320元/人。 	早中晚	杭州
D4	早餐后乘车前往西塘，途中品尝桐乡杭白菊花茶（游览时间不多于50分钟），游览"生活着的千年古镇"、著名影片拍摄地——西塘。乘车赴上海，抵达后车游览卢浦大桥、浦东新区，外观金茂大厦、东方明珠塔。午餐后，南京路步行街自由购物（购物时间约90分钟），城隍庙商城自由购物（购物时间约90分钟）。参观上海希尔曼刀具（游览时间不多于45分钟）。可自费欣赏上海夜景（海陆空：车游浦东＋船游黄浦江＋登金茂大厦，收费标准240元/人，费用自理） 	早中	上海
D5	早餐后乘车赴上海世博园（全年全天开放世博园分为A、B、C、D、E片区，A为中国馆和除东南亚外的亚洲国家馆；B为主题馆、大洋洲国家馆等；C为欧洲、美洲、非洲国家馆和国际组织馆；D为企业馆；E为新建独立企业馆。团队需要提前预约一个热门场馆，参观世博园。中餐、晚餐建议游客在景区内用餐，费用自理。观光巴士费用自理，21：00左右集合出园，乘车返回酒店。观光巴士一日票40元/人（24小时随上随下）或者二日票50元/人（48小时随上随下） 	早	上海或嘉善

续表

日期	行程安排	含餐	住宿
D6	早餐后自由活动（若参加世博游，散客需加门票 160 元 / 人，15 人以上团队需加门票 120 元 / 人，接送车费按实际人数另计），下午乘 KN9525 航班返回承德，结束愉快的华东之行 	早	温馨的家
报价	× 月 × 号同行特价：1 890 元 / 成人，× 月 × 号同行特价：2 190 元 / 成人		
排期	× 月 × 日、× 日发团		
接待标准	交通：承德—上海往返程机票（含机建、燃油）；含华东当地空调旅游车（保证一人一座）； 门票：所列景点首道大门票； 住宿：入住高级型酒店标准双人间（酒店客房按照当地三星级客房标准建造并装修，未挂牌，嘉善住挂三酒店，嘉善属于上海一个区，离上海世博园区约 40 分钟车程）； 用餐：供餐 5 早 5 正。早餐：15 元 / 人 / 餐；正餐 8 菜 1 汤，10 人 1 桌，不含酒水； 导游：优秀导游服务		
购物	全程只进五个店：苏州华东珍珠博览购物中心、桐乡品菊中心、杭州中国丝绸博物馆、上海希尔曼刀具、龙井问茶		
友情推荐	1. 夜游苏州古运河＋听苏州评弹，收费标准 100 元 / 人，费用自理，现付； 2. 游宋城＋观《宋城千古情》，收费标准：普通席 180 元 / 人，移动、嘉宾席 220 元 / 人；费用自理，现付； 3. 欣赏上海夜景＋黄浦江游船＋登金茂大厦，收费标准 240 元 / 人，费用自理，现付		
特别说明	1. 因不可抗因素造成无法游览，只负责退还本社的优惠门票（赠送景点不退）；游客因个人原因临时自愿放弃游览、用餐、住宿等，费用一概不退；酒店住宿若出现自然单间，请补足房间差价 150 元 / 人每晚，加床或拼房； 2. 因是特惠旅行团，持离休证、导游证、军（警）官等证件的游客，不享受门票优免，特此说明； 3. 请提醒游客认真签署《游客接待意见单》，我社不予受理与游客接待意见单不符的质量投诉		

任务实训

　　导游的工作内容涉及旅游的各个方面，要想带好一个团就要熟悉导游工作的每一个环节，培养好自己的旅游接待能力。只有不断地训练，才会有提升，同学们让我们一起练起来吧！完成旅游团队接待服务行程单。

旅游团队接待服务计划（行程单）

甲方：　　　　　　（简称甲方）电话：　　　　　传真：　　　　　联系人：　　　　　

乙方：　　　　　　（简称乙方）电话：　　　　　传真：　　　　　联系人：　　　　　

我社团队＿＿＿＿＿＿＿＿（团号）一行＿＿＿大＿＿＿小共计＿＿＿人，此团地陪＿＿＿人、全陪＿＿＿人、领队＿＿＿人交甲方接待，请甲方确认以下事项：

一、接待时间、行程及活动安排、用餐标准、酒店名称及标准、进购物店次数。

月	日	行程及活动安排	用餐标准			酒店名称及标准	进购物店次数	备注
			早	中	晚			

二、接待团队交通工具及要求：

＿＿＿

三、接待团队服务人员要求：

＿＿＿

四、接待团队餐饮要求：

＿＿＿

五、接待团队费用及结算形式。成人＿＿＿元/人；儿童＿＿＿元/人；老人或特殊人员＿＿＿元/人；共计＿＿＿元（费用已含项目＿＿＿＿＿＿＿＿＿＿；不含项＿＿＿＿＿＿＿＿）。结算形式＿＿＿＿＿＿＿＿。

六、其他约定

＿＿＿

＿＿＿

七、发生纠纷，友好协商解决，协商未果时，提请某某仲裁委员会仲裁。为尽快解决纠纷，甲乙双方同意不受仲裁受理、应诉、组庭开庭等程序上的时间限制，尽快做出裁决。

甲　方：　　　　　　　　　　　　　　　乙　方：

代表人：　　　　　　　　　　　　　　　代表人：

年 月 日　　　　　　　　　　　　　　　年 月 日

任务评价

学生自评

主要内容	自我评价	
	我学会了	我的问题
导游工作程序特点		
导游接待准备工作		
制订导游接待计划		
落实导游接待事宜		
导游接待个人准备		
导游接待行程单填写		
7S 素养体现情况		

教师评价

任务名称	考核项目	考核内容	评分		备注
			分值	得分	
导游工作程序	知识准备	认真学习教材，预习新知识	10		
	教学过程	积极参与训练任务，按接待流程制订接待计划，在教学中学习专业技能和相关知识	20		
	训练任务	独立完成训练任务，填写接待行程单	30		
	学习主动性	积极承担学习相关工作任务，实训中主动学习相关专业知识	10		
	7S 素养	遵守实训室及相关场地规章制度，穿着统一服装，按要求进行实训，具备环保意识和良好的行为习惯，保持实训室及相关场地卫生	10		
	纪律性	遵守学习纪律，不迟到、早退，不做与教学无关的事情	20		
总评			100		
评价人签名：			_____年___月___日		

任务二 导游语言

 任务描述

导游工作是一种社会职业，与其他职业一样，在长期的社会实践中逐渐形成了具有独特风格的行业性语言——导游语言。导游语言是导游与游客交流感情、指导游览、进行讲解、传播文化时使用的一种表达丰富、生动形象的口头语言，具有职业性、服务性、口语性等特点。要做一名合格的导游，必须练好语言基本功，并不断提高导游的语言艺术水平。

 任务导入

河北某旅行团一行28人于8月15日由石家庄乘某飞机在14:55抵达成都天府国际机场，入住成都天府丽都喜来登饭店，成都国际旅行社派小张进行接待并陪同游览。

按照地陪的服务规范进行分析：

1. 导游小张应用什么样的语言欢迎游客到来；

2. 写出致该团抵达成都市的简短欢迎词及四川景区简介；

3. 该团抵达酒店后，地陪如何根据出团计划用生动的语言带领游客参观被誉为"天府之国"的四川？

 学习地点

模拟导游实训室、室外实训场。

<<< **ZHISHI ZHUNBEI**
>>> **知识准备**

一、导游语言的特征

导游语言是在长期社会实践中逐渐形成的具有独特风格的行业性语言，导游语言艺术是导游对语言的提炼和优化，是融技能、观念、灵感、审美于一体的再创造活动。俗话说，

"祖国山河美不美，全凭导游一张嘴"。导游讲解是导游工作中一个非常重要的环节。导游讲解艺术追求的是把景观最大限度地描绘给游客，激发游客的热情，使之积极参与游览活动，帮助游客完成各自的审美体验，享受旅游带来的愉悦，从而获得美的享受和满足。

（一）职业性

导游语言是一种职业语言，是导游在从事导游工作中使用的语言，因此具有明显的职业特征。导游在使用语言时必须符合职业要求。例如，普通话导游在上团时，必须使用普通话进行服务，而不能根据自己的喜好使用家乡话或地方方言来讲解。这不仅是与游客交流的需要，同时也是导游职业规范的要求。

（二）口语性

导游语言是一种口头语言，声过即逝，游客不可能像看书上文字那样反复阅读，只有当时听得清楚，听得明白，才能够更准确地理解。这就要求导游在运用语言时，要通俗易懂，多采用口语句式（即短句），尽量避免使用冗长、复杂的句子。

（三）现场性

导游语言最集中发挥的场合便是景点的实地讲解，因此，现场性便成了导游语言的一个突出的特点。归纳起来，主要有表现现场性的词汇、现场导引语、现场操作提示语、面对面的设问四种手法。导游讲解时配合自身丰富的肢体语言，可以更好地将景区景点介绍给游客。

（四）生动性

导游向游客提供面对面的服务时，游客大多数情况下是在听导游说话，所以导游的语言除了要有准确性和逻辑性之外，生动性也至关重要。正确、清楚的导游语言能使游客得到正确的信息，生动形象、富有感情色彩、幽默诙谐的导游语言可以给游客带来轻松、愉快和美的享受。要做到语言生动，还应把握以下三点：①在充分掌握导游资料的情况下注意趣味性，努力使情景与语言交融，激发起游客浓郁的游兴；②恰当地运用比喻，生动的比喻会让人感到亲切，对导游的讲解也更易理解；③幽默感，讲话风趣幽默不仅能使听者欢笑，还能活跃气氛，提高游客的游兴。

（五）科学性

导游给游客介绍各景点时，应该注重科学性，要做到实事求是；即使是讲故事、传说也不要胡编瞎造，要尊重历史，尊重科学，不能宣传虚假的事件。

（六）针对性

游客来自不同地方，国家、民族、宗教、习惯、职业、年龄、文化程度和水平各有不同，导游进行导游讲解时要因人而异。导游在运用语言时，要了解、尊重、适应游客的文化价值观，并注意礼貌礼节，区别不同的游客使用恰当的语言，注意运用时要有针对性。

此外，导游语言还应具备丰富的知识性、浓厚的趣味性、灵活的变化性、亲切的礼貌性等特征。

二、导游语言艺术

（一）导游语言艺术的概念

导游语言艺术是指导游在游览讲解过程中，运用语言的手段，创造美的意境，将自然美、艺术美、生活美通过自己的语言传递给游客，使游客产生美的感受。导游通过对语言的提炼和优化，提高语言的表达效果，从而激发游客旅游的兴致，达到游览的最佳效果。

（二）导游语言艺术的作用

导游语言艺术在导游工作中具有多方面的作用，主要包括以下四个方面：

（1）激发游兴：生动、形象、富有感染力的语言，能够激发游客的游览兴趣，使他们对景点产生浓厚的好奇心和探索欲望。这种激发游兴的作用有助于游客更好地投入和享受旅游过程。

（2）扩充信息：导游在讲解过程中，不仅需要传达景点的基本信息，还需要介绍相关的历史、文化、地理等背景知识。通过准确、生动、有趣的语言，导游能够帮助游客扩充知识面，加深对景点的理解和认识。

（3）协调关系：导游在与游客的互动中，需要运用语言艺术来协调关系，拉近与游客之间的距离。友善、真诚的语言，有助于导游给游客营造良好的沟通氛围，增强游客的信任感和归属感，使游客更加愿意配合和参与导游的工作。

（4）提高素质：导游语言艺术也是导游个人素质的重要体现。一个优秀的导游不仅需要具备丰富的专业知识和技能，还需要具备良好的语言表达能力和人际交往能力。通过不断提高自己的语言艺术水平，导游能够提升自己的综合素质，为游客提供更加优质的导游服务。

综上所述，导游语言艺术在导游工作中具有激发游兴、扩充信息、协调关系和提高素质等多方面的作用，这些作用共同促进了导游工作的顺利进行和游客满意度的提升。

"书语"的运用

三、导游语言艺术的应用

（一）导游语言艺术运用方法

（1）准确清晰：导游语言必须准确清晰，这是导游语言的基本要求。导游需要准确无误地传达信息，包括景点的历史、文化、地理知识等，避免误导游客。同时，导游语言也要清晰明了，让游客能够轻松理解。

（2）生动形象：导游语言应当生动形象，具有感染力和吸引力。通过巧妙的比喻、比拟等手法，将景点的特征、景观的形象生动地展现在游客面前。这样不仅可以增强游客的感官体验，还可以激发游客的想象力和好奇心。

（3）情感表达：导游语言要注重情感表达，让游客感受到导游对景点的热爱和对游客的关心。导游通过真挚的感情去感染游客，能够使游客产生共鸣，增强游客对景点的认同感和归属感。

（4）趣味幽默：导游语言要具有一定的趣味性和幽默感，以吸引游客的注意力，使游客在轻松愉快的氛围中游览景点。通过幽默风趣的语言和有趣的故事，缓解游客的疲劳感，增强游客的游览体验。

（5）灵活多变：导游语言要灵活多变，适应不同游客的需求和背景。导游需要根据游客的年龄、文化、兴趣等因素，调整自己的讲解方式和语言风格，以满足游客的个性化需求。

（二）注意事项

（1）注重语音语调：语音语调的运用对于导游语言艺术至关重要。导游要注意控制自己的语速、音调和节奏，使语言更加自然流畅，富有韵律感。

（2）适当使用肢体语言：肢体语言是导游语言艺术的重要组成部分。导游可以通过手势、表情等肢体语言来辅助自己的讲解，使语言更加生动有趣。

（3）与游客互动：导游在讲解过程中要注重与游客的互动，鼓励游客提问和发表意见。导游通过与游客的互动，不仅可以增强游客的参与感，还可以及时调整自己的讲解方式，使讲解更加贴近游客的需求。

总之，导游语言艺术的运用需要导游在实践中不断摸索和总结，通过不断地练习和反思，提高自己的语言艺术水平，为游客提供更加优质的导游服务。

【案例引入】

案例1：德天瀑布在广西，大极了，特高，流下的水白白的，流得可快呢！夏天水大时人不敢到跟前去，会把衣服溅湿了。离老远就能听见它的声音，震耳朵，人说话都听不见。有时候还能看到彩虹，一道一道的，可好看了。

案例2：广西德天瀑布位于广西壮族自治区崇左市大新县硕龙镇德天村，中国与越南边境处的归春河上游，瀑布气势磅礴、蔚为壮观，与紧邻的越南板约瀑布相连，是亚洲第一、世界第四大跨国瀑布，年均水流量约为贵州黄果树瀑布的三倍，为中国国家5A级旅游景区。由于落差极大，人于很远处便可听到犹如雷鸣的水声，于瀑布前说话需要大声地喊叫方可听到，水泻下时溅起的浪花时常在阳光下形成美丽的彩虹。人到近前观望需要穿雨衣，防止瀑布宣泄时形成的水丝、雾雨把衣服打湿了。

【思考】

（1）什么样的语言更符合导游讲解语言？

（2）通过学习这个案例，你从中得到哪些启发？

（3）作为导游，请你试着写一段自然、亲切，又兼有书面语典雅、规范的讲解词。

分析

四、导游语言的类型

（一）问答式导游

针对游客的提问做介绍，力求有问必答、应答如流，答得提问者满意、旁听者有味。答问时还可略加鼓励，如"这问题提得有趣！""这同志有探究精神！""这问题有意思，大家了解一下有好处"……答问式的导游针对性强，还能使导游和游客间的感情融洽。

（二）介绍式导游

用准确简洁的语言做介绍，先让游客初步了解景物，再去欣赏品味。一位导游在带游客去苏州城外时，这样介绍："苏州城内园林美，城外青山更有趣，那一座座山头像活脱脱的一头头猛兽：灵岩山像伏地的大象；天平山像金钱豹；金山像条卧龙；虎丘山犹如蹲伏着的猛虎；狮子山的模样活似常年回头望着虎丘的狮子，那是苏州一景名叫'狮子回头望虎丘'。"游客们在游览时，根据介绍，品味各座山的不同模样，体会到了观景的乐趣。

（三）述古式导游

向游客叙述有关历史人物、神话故事、轶闻典故等，使顾客既丰富了历史知识，又更好地了解美景。一位导游在带游客远眺苏州东山沿湖诸峰时，这样述古：2 500 年前，那里是吴国的前哨阵地。"南望坡""北望坡"是两个瞭望哨；"铜鼓山"是擂鼓报警之处；"鹦鹉墩"是"演武墩"的谐音，是吴王夫差训练水兵的地方。相传范蠡、西施隐居的地方，就在石公山西南湖面的三山岛……游客们听到介绍，置身的空间仿佛容下了 2 500 年的时间，这种感觉是单纯游览山水所无法得到的。

（四）畅想式导游

以畅想式的语言，说出一些饱含哲理的话，帮游客抒发出想说而一时说不出或说不透彻的话来，从而使游客得到很大的满足。如在号称"海天佛国"的普陀风景区，一群游客登上当地最高的佛顶山，俯览大海，仰望苍天，个个静思无语。导游就在一旁做畅想式独白："朋友们，脚下那锦鳞片片，白帆点点的水面就是东海，多少年来，这海拥抱着、冲刷着佛顶山，以它特有的英姿启迪着人们：海是辽阔的，胸怀无比宽广；海是深沉的，永远那么谦逊……"听着这充满人生哲理的话语，游客们获得的又岂止是山水美景？

（五）猜谜式导游

以一种创新的导游方式，结合传统的导游讲解与趣味性的猜谜游戏，既介绍了景物，又增添了情趣。一位导游在平遥古城带团时对游客这么说：今天我们将通过一系列精心设计的谜题，一起探索这座古城的秘密，领略这座充满历史底蕴和文化魅力的古城，感受它几百年的风雨沧桑。"一城之中分两边，一边热来一边寒，一边多雨一边干。"请大家猜猜看这是什么古城特色建筑？游客们议论纷纷，有的说是"古城的石板路"，有的说是"古城的水井"，最后在导游的启示下猜出是"古城墙（或护城河）"。此谜题引导游客注意古代防御体系，城墙作为古城的第一道防线，既体现了古人的智慧，也增添了古城的神秘感。

（六）描绘式导游

用具体形象、富有文采的话描绘风景，使其细微的特点显现于游客眼前，在景色如画的苏州石公山上，一位导游对游客描绘说："朋友们，我们现在就是身在仙山妙境，请看，我们背后是蜿蜒葱翠的丛林，面前是无边无垠的太湖，青山绕着湖水，湖水托着青山。山石伸进了湖面，湖面'咬'进了山石。头上有山，脚下有水。真是天外有天，山外有山；岛中有岛，湖中有湖；山如青螺伏水，水似碧海浮动。"接着，他跌宕有致地朗诵了一首古诗："茫茫三万顷，日夜浴青葱。骨立风云外，孤撑涛浪中"。游客们就像在观看彩色立体风景影片的同时，又听到了优美的画外音，喜滋滋、乐陶陶，美不可言。

（七）逗趣式导游

游客的兴趣是能动的，经常转移的，常会由此转移到彼，兴趣程度也会时增时减。劳累、景观重复等原因会使游客兴趣降低。这时，导游要用逗趣式的语言，让游客在笑声中消除疲劳。例如，一位导游带游客游苏州西园时，发现大家面露倦容，就站到500罗汉堂里那尊"疯僧"雕像前说："朋友们，这塑像可怪了。他有个雅号叫'十不全'和尚，就是说有十样毛病，歪嘴、驼背、斗鸡眼、招风耳朵、癫痫头、跛脚、抓手（倭曲着的瘫臂）、斜肩胛、鸡胸，外加歪鼻头。别看相貌怪，但残而不丑，从正面、左面、右面看，他的脸分别给出了欢喜、滑稽、忧愁三种感觉……里面那500罗汉，尊尊不同。请耐心去找找，里面一定有一尊的脸形是像你的。"风趣的话语，逗得大家哈哈大笑，游兴顿增。

 任务实施

制订旅游计划是实施旅游活动前必不可少的一项工作，作为一名优秀的地方陪同导游，小张通过上面的学习，已经熟悉并掌握如何运用导游语言进行讲解，接下来让我们动起手来，与小张一起创作一篇四川景区简介吧！

四川景区简介

四川是一个拥有丰富自然和人文景观的省份，其景区众多，各具特色。以下是一些四川主要景区的简介。

（1）九寨沟：位于四川省阿坝藏族羌族自治州九寨沟县境内，是世界自然遗产和国家重点风景名胜区。九寨沟以翠海（高山湖泊）、叠瀑、彩林、雪峰和藏族风情"五绝"驰名中外，被誉为"童话世界"和"人间仙境"。

（2）峨眉山：位于四川省乐山市峨眉山市境内，是中国四大佛教名山之一。峨眉山以奇峰、秀水、古木和云海著称，游客可以沿着山路徒步旅行，感受大自然的宏伟和宁静。

（3）乐山大佛：同样位于四川省乐山市，是世界上最大的石刻佛像之一。大佛临江危坐，通高71米，目光俯视，一手上扬，一手平伸，体形丰盈圆润。

（4）黄龙景区：位于四川省阿坝藏族羌族自治州松潘县境内，是世界自然遗产和国家重点风景名胜区。黄龙景区以壮丽的山水、奇特的石灰岩地貌和丰富的动植物资源而知名，包括著名的"五花海"和"翠堤映云"等景点。

（5）都江堰：位于成都市郊，是一处传统的水利工程，被誉为"岷江下游的一颗明珠"。都江堰以其独特的设计和卓越的功能，为成都平原的农业生产和城市供水提供了重要保障。

（6）青城山：位于成都市都江堰市青城镇，是中国文化名山之一。青城山因山上建有青城派道教道观而得名，山上的古建筑、古遗址、古墓葬、古摩崖石刻等文物古迹众多。

除了上述景点，四川还有四姑娘山、松潘古城、阆中古城、西岭雪山、稻城亚丁、雅安市石象湖、绵竹大佛寺等众多值得一游的景区。这些景区以其独特的自然景观和丰富的人文历史，吸引着无数游客前来观光旅游。

 任务实训

导游的工作内容涉及旅游的各个方面，要想带好一个团就要熟悉工作的每一个环节，培养好自己的旅游接待能力。只有不断地训练，才会有提升，同学们让我们一起练起来吧！完成旅游团队接待服务工作。

三星堆遗址简介

_____

_____

_____

_____

_____

_____

_____

_____

川剧变脸简介

_____

_____

_____

_____

_____

_____

_____

_____

_____

任务评价

学生自评

主要内容	自我评价	
	我学会了	我的问题
导游语言特征		
导游语言艺术		
导游语言艺术运用方法		
导游语言类型		
导游注意事项		
7S 素养体现情况		

教师评价

任务名称	考核项目	考核内容	评分		备注
			分值	得分	
导游语言	知识准备	认真学习教材，预习新知识	10		
	教学过程	积极参与训练任务，按接待流程制订接待计划，在教学中学习专业技能和相关知识	20		
	训练任务	独立完成训练任务，填写接待行程单	30		
	学习主动性	积极承担学习相关工作任务，实训中主动学习相关专业知识	10		
	7S 素养	遵守实训室及相关场地规章制度，穿着统一服装，按要求进行实训，具备环保意识和良好的行为习惯，保持实训室及相关场地卫生	10		
	纪律性	遵守学习纪律，不迟到、早退，不做与教学无关的事情	20		
总评			100		
评价人签名：			_____年___月___日		

任务三 导游词创作

 任务描述

　　导游词创作旨在向游客介绍旅游景点并吸引他们对特定旅游目的地的兴趣。导游词的内容应当包括旅游目的地概述，简要介绍旅游目的地的地理位置、历史背景和文化特色；景点的亮点，突出展示景区主要景点、历史遗迹及文化活动；要有互动环节，融入历史故事或当地传说，设计提示问题，鼓励游客参与互动，增加导游词的吸引力，提升游客体验感；体现文化自信，介绍中要体现对当地文化的理解和尊重，信息准确无误，语言生动有趣，引人入胜；导游词要有清晰的开头、主体和结尾，逻辑连贯。完成的书面导游词应转换成适合口语表达的导游词，易于理解记忆，同时能够激发游客的好奇心和探索欲。

 任务导入

　　河北某旅行团一行30人于6月15日由石家庄乘某高铁在10：38抵达安阳东站，入住安阳林州中州国际饭店，安阳春秋旅行社派小王进行接待并陪同游览。

　　按照研学团地陪的服务规范进行分析：

　　1.导游小王应用什么样的欢迎词欢迎远道而来的游客？

　　2.按照研学团的目的，小王应该准备怎样的导游词？

　　3.该团抵达酒店后，地陪如何紧扣团型创作出语言生动的导游词，带领游客参观人工天河红旗渠？

 学习地点

　　模拟导游实训室、室外实训场。

<<< ZHISHI ZHUNBEI
>>> **知识准备**

一、导游词的概念

　　导游词是导游引导游客观光游览的讲解词，是导游同游客交流思想，向游客传播知识的

导游词学习

工具，也是吸引和招揽游客的重要手段。导游词从形式上有书面导游词和现场口语导游词两种，通常意义上人们所说的导游词创作主要指书面导游词创作。书面导游词一般是根据实际游览景观，遵照一定的游览路线，模拟游览活动而创作的。

二、导游词的基本特点

书面导游词创作即用文字形式书写出来的导游词，其特点主要表现为以下四个方面：

（一）临场性

虽然书面导游词没有直接面对游客及景观，但它模拟现场导游的场景，创作者把自己比作导游，设想正带领游客游览。因此导游词是循游览线路层层展开的，而且为增加现场感，多以第一人称的方式写作。在修辞方面，多用设问、反问等手法，仿佛游客就在眼前，产生很强烈的临场效果。

（二）实用性

导游词的写作目的有两个方面，一是作为导游实际讲解的参考；二是作为游客了解某一景点或某一旅游目的地的资料。由于上述两个目的，导游词对每一个景点都提供翔实的资料，从各个方面加以讲述，导游读了以后，经过加工就能成为自己口头讲解的内容，而游客读了，就能对此景点或旅游目的地有详尽的了解。因此，导游词有很强的实用性。

（三）规范性

导游在实际带团中运用的是口语，但导游词却是书面语言。因此导游词的用语应该规范，应当避免口语化的表达方式，避免地方方言。即使为了增加幽默感而需要运用地方方言，也应当加以解释，让来自全国各地的游客都能读懂。规范的用语反映了导游词创作者良好的中文修养和造诣。

（四）综合性

导游词既有说明性的特点，也有欣赏性的特点，因此，导游词是综合性的。在一篇导游词中，不仅会用到自然科学知识，如地质成因、动植物学知识、力学原理等；还会用到社会科学知识，如宗教常识、哲学美学知识、诗词歌赋、中外文学知识等；另外，建筑、园林、书法、绘画等方面的知识，都会有所涉猎。一篇优秀的导游词往往综合了各个学科门类，从多角度、多层面对景点加以叙述，给阅读者全方位的信息。

三、导游词的功能

（一）引导游客鉴赏

导游词的宗旨是通过对旅游景观绘声绘色地讲解、指点、评说，帮助游客欣赏景观，以达到游览的最佳效果。

（二）传播文化知识

传播传统文化知识即向游客介绍有关旅游胜地的历史典故、地理风貌、风土人情、传说故事、民族习俗、古迹名胜、风景特色，使游客增长知识。

（三）陶冶游客情操

导游词的语言应具有言之有理、有物、有情、有神等特点。导游词通过语言艺术和技巧，给游客勾画出一幅幅立体的图画，构成生动的视觉形象，把游客引入一种特定的意境，从而达到陶冶情操的目的。

此外，导游词通过对旅游地出产物品的说明、讲解，客观上起到向游客介绍商品的作用。

导游词的多功能
和个性化

四、导游词的主要表述方法

（一）情感渲染法

这种导游词创作的特点是句子短，为了造成气势，可用排比句、反问句等抒情色彩较浓的句式，也可以通过描写景点的美丽景色或感人的传说故事，引发游客的情感共鸣。

【导游词范例】

井冈山导游词片段

井冈山是革命圣地，它没有嵩山少林寺，也没有泰山玉皇顶，但岁月却给我们留下了宝贵的革命遗迹：八角楼上，毛主席在这里播下星星火种；茅坪河边，红军在这里胜利会师……这山这水，哪一样不可以和名山大川媲美？这一事一物，哪一桩不扣动人们的心弦？

（二）开门见山法

这种导游词创作开篇直接点明所要介绍的景点，不在导游词中做过多的铺垫，直截了当，进入主题。

例如，"欢迎各位游客朋友们来北京观光游览，我们今天的旅游目的地是——故宫，这座历史悠久的宫殿群见证了明清两代的辉煌，也留下了很多刻骨铭心的故事。"

（三）烘托类比法

在修辞手法中，人们也把这种方法称为"映衬"，即在介绍眼前景物时，先简叙天下有名景点中的同类景物，以引起游客的联想，唤起游过该景点游客美好的回忆，同时又烘托和映衬眼前景物，激起游客的游览兴趣和游览欲望。当然这种对比要以不贬低其他景点为前提。

烘托类比法在导游词创作中，可以从内容和形式两方面予以运用。在内容上运用，可以加强语言的表达效果，激发游客的兴趣；在形式运用上，可以使语言表达多样化。

（四）夸张饰美法

夸张是为了启发游客的想象力，具有加强语言效果的力量。夸张是用夸大的词句来形容事物的修辞手法。在导游词创作中运用夸张饰美法，既可以唤起游客的想象力，又能够很好地抒发导游的情感，增强导游词和导游语言的感染力。

【导游词范例】

湘江导游词片段

湘江，这条蜿蜒曲折的巨龙，宛如一条银色的丝带，在华夏大地上舞动。它汇聚了千山万水的精华，承载着千年文化的厚重。站在江畔，你会被那浩渺无垠的江面所震撼，仿佛置身于一幅波澜壮阔的画卷之中。

看，那远处的山峦，层峦叠嶂，云雾缭绕，仿佛是天上的仙境落入凡间。它们与湘江交相辉映，共同构成了一幅美不胜收的画卷。而湘江的水，更是清澈见底、碧波荡漾，仿佛是一块巨大的翡翠镶嵌在大地之上。

在这里，你可以感受到大自然的神奇魅力。无论是清晨的薄雾缭绕，还是傍晚的霞光满天，都会让你陶醉其中、流连忘返。特别是当夜幕降临，星光璀璨，与江面上的渔火交相辉映，更是别有一番风味。

而湘江的历史文化更是丰富多彩。它见证了中华民族的兴衰荣辱，也孕育了无数英雄豪杰。在这里，你可以聆听到历史的回声，感受到文化的气息。无论是古老的船帆，还是现代的游艇，都在诉说着湘江的故事。

（五）引经据典法

在导游词创作中引用诗词、历史文献等经典内容，充实到书面导游词中，可以增加导游词的文化内涵。

【导游词范例】

我们脚下的这片土地是中国古代文明的发源地之一。正如《诗经》所言："周虽旧邦，其命维新。"这里见证了中华民族的兴衰荣辱，也孕育了无数璀璨的文化瑰宝。

看，那座巍峨耸立的山峰，便是历史上著名的泰山。古人云："泰山高，水长长，悠悠岁月，几度沧桑。"它见证了无数的历史变迁，也承载了厚重的文化底蕴。站在山巅，俯瞰群山，你会感受到一种历史的厚重感，仿佛能听到历史的回声在耳边响起。

再往前走，我们将来到一条古老的河流——黄河。这条河流见证了中华民族的辉煌历史，也见证了无数英雄豪杰的传奇故事。《诗经》中有云："关关雎鸠，在河之洲。窈窕淑女，君子好逑。"这里便是古代文人墨客们寄托情感、抒发抱负的绝佳之地。

（六）巧设悬念法

设疑解惑，是指在导游讲解的开头或中间设置问题、制造悬念、摆出矛盾，引起游客关注。在讲到关键地方故意留下使游客感兴趣的问题，激发他们的好奇心。其特点是先将疑问悬在那里，然后"顾左右而言他"，故意不予理会，或做出种种猜想，沉淀较长时间后，再解悬念，回答提出的问题。

【导游词范例】

游客参观澄澜堂

　　朋友们，请随我一起登楼观赏。立于窗前，纵目远眺，澄澜堂雄峙于半山腰，背靠逶迤充山、前临万顷太湖，这里居高临下，占据了鼋头渚风景区观赏太湖的最佳位置。刚刚在门口，就有人问我，这里为何要叫"澄澜"，这"澄澜"二字又是何意？我认为在这里为您解读，才是最好的诠释。

　　"澄"，指的是湖水平静清澈。"澜"，就是波涛汹涌。您来到澄澜堂，可以看到太湖多变的景色：风和日丽之时，湖水如镜、波光粼粼，船行湖中、人恍如在画中，宛若仙境，令人心旷神怡；大风来临之时，波涛滚滚、惊涛拍岸，有如万马奔腾；雨天的时候，烟波浩渺；有雾的时候，青烟曼舞。有动、有静，"澄"与"澜"的结合完美地诠释了美景。

五、导游词的组成

　　无论是书面导游词还是口语导游词，通常都由标题、引言、整体介绍、重点讲解和结尾五个部分组成。

（一）标题

　　导游词的标题通常体现的是导游词的主题，既要符合导游词标题的命名习惯，还要简洁明了地概括出导游词的核心内容。

（二）引言

　　每一篇导游词的开始或者结束，都应该有框架式的引言和结束语，如游览前的"欢迎词"、游览结束时的"欢送词"等。引言中常见的内容有问候、介绍及要求，结束语中通常有总结、回顾、感谢和美好的祝愿。

（三）整体介绍

　　整体介绍部分主要向游客陈述景观的概况和旅游价值，对所要游览的内容做总结性的介绍。让游客对景物有初步了解，知道如何游览；对游览路线进行介绍，不能漏掉精品景点和景物，避免游览过程中发生游客走失等事故。

【导游词范例】

故宫整体介绍中的一段

　　故宫，又称紫禁城，是中国明清两代的皇家宫殿，位于北京中轴线的中心，是世界上现存规模最大、保存最为完整的木质结构古建筑群之一。这座宫殿建筑群始建于明朝永乐四年（1406年），以南京故宫为蓝本营建，至永乐十八年（1420年）建成，成为明清两朝24位皇帝的皇宫。

故宫占地面积约 72 万平方米，建筑面积约 15 万平方米，有大小宫殿 70 多座，房间数量众多，据 1973 年专家现场测量，故宫有房间 8 707 间。其南北长 961 米，东西宽 753 米，四面围有高 10 米的城墙，城外有宽 52 米的护城河，城墙的四角各有一座风姿绰约的角楼。

故宫的建筑布局严格遵循"左祖右社""前朝后寝"的古制，以中轴线为轴，左右对称，充分体现了"天子至尊"的封建宗法礼制。整个建筑群包括外朝和内廷两大部分。外朝的中心为太和殿、中和殿、保和殿，统称"三大殿"，是国家举行大典礼的地方。内廷的中心是乾清宫、交泰殿、坤宁宫，统称"后三宫"，是皇帝和皇后居住的正宫。内廷之后为御花园，是皇帝及后妃们休息游玩的地方。

故宫的建筑风格典雅而不失庄严，设计精巧而不失奢华，融合了汉族传统建筑艺术的精华。其红墙黄瓦、雕梁画栋，以及高低错落的殿宇楼台，都展示了中国古代宫殿建筑的最高成就。故宫的建筑装饰也极为华丽精美，大量使用了雕刻、贴金、镂金、漆画、景泰蓝、玉石及螺钿镶嵌等工艺手段，将高超的建筑技术与艺术融为一体。

（四）重点讲解

每个游览目的地景观要素组合都比较复杂，但都存在主次之分。导游在带领游客游览过程中，由于参观时间等客观原因，在游览和讲解中不可能面面俱到，因此在导游词中，对景观、景物的介绍要舍得放弃一些非主流景观，集中精力，利用有限的时间进行重点讲解。介绍景区中具有代表性的景点和景物，就是对主要游览内容进行详细讲述，这也是导游词创作中最主要的组成部分。

（五）结尾

在游览结束后，对游览的内容做一小结，如有未到之处可做一简要说明，最后，对游客的配合表示感谢，请他们留下宝贵意见，并表示祝福与告别。

景区重点景观和
景物的取舍

 任务实施

导游词创作，是实施旅游活动前必不可少的一项工作，作为一名优秀的地方陪同导游，小王通过上面的学习，已经熟悉并掌握如何创作导游词，接下来让我们动起手来，与小王一起创作一篇红旗渠参观游览的导游词吧！

【导游词范例】

人工天河——红旗渠

红旗渠水长又长，翻山越岭过村庄；爷爷捧起渠中水，看见五谷流进仓。

各位来自北京的青年志愿者，欢迎来到被誉为"世界水利第八大奇迹的人工天河"——红旗渠。

翻开林县县志，你看到的是一部旱魔吃人的历史，从明清到民国的五百多年间，水缺贵如油，十年九不收；豪门逼租债，穷人日夜愁。这一人间最悲惨的情景，竟发生了三十余次，延续了二十余代……

千百年来，在缺水环境中苦苦挣扎的林州人民，祖祖辈辈想水、盼水，始终怀有一个水的梦想。他们斗争、失败、再斗争、再失败，屡败屡战，一代又一代林州人不甘屈服地与干渴的旧山川进行着持续的抗争。

各位请随我来，我们现在来到红旗渠主干隧道最长的一段——青年洞。远远望去青年洞三个大字高悬在石崖的上方。为早日将漳河水引入林州，建渠干部群众挑选了300名青年组成突击队，坚持施工。当时每天每人只有6两粮，为了填饱肚子，民工就上山挖野菜，下漳河捞河草充饥，很多人得了浮肿病，仍坚持战斗在工地，以愚公移山精神，终日挖山不止。历经17个月的奋战，终于将洞凿通，为纪念青年们艰苦奋斗的业绩，红旗渠指挥部将此洞命名为"青年洞"。

"为有牺牲多壮志，敢教日月换新天。"

在红旗渠修建过程中，成立了一支以共产党员任羊成为队长的除险队伍。他们每人身上系着几十斤重的绳索，手上拿着特制的铁钩，像荡秋千一样在悬崖上荡来荡去，除去险石。如果稍有闪失，身体与崖壁撞击，后果将不堪设想。

工友们跟他开玩笑说："羊成啊，你这是在老虎嘴里拔牙啊！"一次除险时，一块拳头大小的石块掉下来，正好打到他的嘴上，当时他只觉得眼前一黑，便昏了过去。待任羊成清醒后，嘴里鲜血直流。他张了张嘴，却不会说话了，原来是石块砸在他的嘴上，四颗门牙横在嘴里，卡住了舌头。在进行凌空除险作业时，喊不出话来就无法跟上面拉绳子的人配合，也就无法施工。情急之下，任羊成就拿起腰间随身携带的一把钳子，将4颗牙硬生生地连根拔了下来，不顾鲜血直流，在悬崖上又连续作业长达6个小时，直到下工时，才从悬崖上下来。这时整个嘴巴肿得像葫芦一样，像类似的重伤他竟受过5次。

红旗渠修建的这些年流传这样一句顺口溜"除险英雄任羊成，阎王殿里报了名。"在梨树崖、鸬鹚崖等众多悬崖绝壁上，都留下了任羊成除险的英姿。任羊成长年累月地在崖壁上荡来荡去，他的腰部被绳子勒出一道道血痕，经常血肉模糊地粘在身上，疼到连衣服都脱不下来。正因为有了太多像任羊成这样的除险英雄，才有了如今的"一渠绕群山，精神撼动天"的红旗渠。

2022年10月28日，习近平总书记考察红旗渠时强调："红旗渠精神同延安精神是一脉相承的，是中华民族不可磨灭的历史记忆，永远震撼人心。年轻一代要继承和发扬吃苦耐劳、自力更生、艰苦奋斗的精神，摒弃骄娇二气，像我们的父辈一样把青春热血镌刻在历史的丰碑上。实现第二个百年奋斗目标也就是一两代人的事，我们正逢其时，不可辜负，要做出我们这一代的贡献。红旗渠精神永在！"

任务实训

　　导游的工作内容涉及旅游的各个方面，要想带好一个团就要熟悉工作的每一个环节，培养好自己的旅游接待能力。只有不断地训练，才会有提升，同学们让我们一起练起来吧！完成一篇全新导游词的创作。

安阳殷墟导游词

_____

_____

_____

_____

_____

_____

_____

_____

_____

任务评价

学生自评

主要内容	自我评价	
	我学会了	我的问题
导游词概念		
导游词基本特点		
导游词功能		
导游词主要表述方法		
导游词组成		
7S 素养体现情况		

教师评价

任务名称	考核项目	考核内容	评分		备注
			分值	得分	
导游词创作	知识准备	认真学习教材，预习新知识	10		
	教学过程	积极参与训练任务，按接待流程制订接待计划，在教学中学习专业技能和相关知识	20		
	训练任务	独立完成训练任务，填写接待行程单	30		
	学习主动性	积极承担学习相关工作任务，在实训中主动学习相关专业知识	10		
	7S 素养	遵守实训室及相关场地规章制度，穿着统一服装，按要求进行实训，具备环保意识和良好的行为习惯，保持实训室及相关场地卫生	10		
	纪律性	遵守学习纪律，不迟到、早退，不做与教学无关的事情	20		
总评			100		
评价人签名：			_____年___月___日		

任务四　自然景观导游

任务描述

　　自然景观是各种自然要素组成并相互作用而形成的自然风景。这种风景具有美学和科学价值，对游客具有旅游吸引力和观赏价值，如银光闪闪的河流、千姿百态的地貌、晶莹激滟的湖泉、波涛万顷的海洋、光怪陆离的洞穴、幽雅静谧的森林、珍奇逗人的动物和温暖宜人的气候。这些山地、水体、动物、天象等自然景观巧妙结合，构成了千变万化的景象和环境，通过人的视觉、听觉、味觉、嗅觉、联想等，结合理念的感知印象和环境综合分析，游客能够产生美感并获得精神上的享受。

任务导入

　　河北某商务旅行团一行20人于9月15日由石家庄乘火车，在第二天（16日）16∶18抵达张家界站，入住张家界印象大酒店，张家界国际旅行社派小方进行接待并陪同游览。

按照商务考察团地陪的服务规范进行分析：

1.导游小方应用什么样的欢迎词欢迎远道而来的客人？

2.按照商务考察团的目的，小方应该准备怎样的自然景观讲解导游词？

3.该团抵达酒店后，小方应如何紧扣团型创作出张家界的旅游行程及导游词？

学习地点

模拟导游实训室、室外实训场。

一、自然景观的概念

自然景观主要指的是天然形成的，具有观赏、科学和文化价值的自然景色，如山川、河流、湖泊、森林、草原、沙漠、冰川、海岸等。这些景观通常具有自然性、地域性、多样性和原始性等特征。

二、自然景观的特点

自然景观在旅游过程中主要表现为游客所见到的山水风光、天象气候奇观、动植物直观景象，自然景观与人文景观相比，具有以下特点：

（一）自然性

自然景观的核心特点是其自然性，即未经过人工修饰或较少受到人类活动的影响。这种自然性使得景观保持了原始、纯净、真实的面貌，具有独特的魅力。

（二）地域性

自然景观具有鲜明的地域性特征，不同地域的自然景观因其地形、气候、植被等自然条件的差异而呈现出不同的风貌。这种地域性使得自然景观具有独特性和多样性。

（三）多样性

自然景观的多样性体现在其类型、形态、色彩、质感等多个方面。从类型上看，自然景观包括山地、高原、盆地、丘陵、平原等多种地形；从形态上看，有峡谷、瀑布、冰川、沙漠、草原等多种形态；从色彩上看，有四季变化带来的色彩更迭，也有不同植被呈现出的丰富色彩。

（四）原始性

自然景观的原始性是指其未经人类大规模改造或干预的状态。这种原始性使得自然景观保持了自然生态的完整性和稳定性，同时也为人类提供了研究和探索自然的重要场所。

（五）生态性

自然景观是一个复杂的生态系统，其中包含了多种生物和非生物要素。这些要素相互作用、相互依存，共同维持着生态平衡。自然景观的生态性为人类提供了丰富的生态资源和生态服务，如水源涵养、气候调节、生物多样性维护等。

（六）文化性

自然景观不仅具有自然价值，还蕴含着丰富的文化内涵。不同地域的自然景观与当地的历史、文化、民俗等紧密相连，形成了独特的文化景观。这些文化景观不仅丰富了自然景观的内涵，还为人类提供了认识和了解不同地域文化的窗口。

（七）天赋性

从发生学的角度来看，一切自然景观都是大自然长期发展变化的产物，是大自然的鬼斧神工雕造而成，具有自然赋存的特点，即天赋性，因而它是旅游的第一环境。

（八）科学性

自然景观各个要素之间具有各种简单多样的因果关系和相互联系的特点，反映在自然景观的各个方面。因而自然景观的详细成因、特点和分布，都是有科学道理的。

（九）审美性

从旅游美学的角度来看，一切自然景观都具有自然属性特征的美。在自然景观审美中，单一的景物，由于构景因素单调，一般来说它的美是单调的；大多数自然景观都是由多种构景因素组成的，他们相互协作，融为一体，并与四周环境相协调，所以表达出综合审美的特点。

（十）差异性

自然景观虽然是大自然的产物，然而"千座山脉难以尽奇，万条江河难以尽秀"，只有具备能引起人们美感属性的自然景观，只有能使欣赏者获得美的局部景观，才是自然美的代表，才具有自然景观美。另外，自然景观之所以能成为人们审美的对象，是与社会的发展水平和人们的综合素养分不开的。两个人同游一处美景，一个人能看到它的美，另一个人却看不到它的美，这是由于两个人的综合素养不同造成的。

三、自然景观的类型

根据开发利用情况划分，自然景观的类型如下：

（一）原始自然美景观

原始自然美景观指以纯自然美为基本特征的景观，像珠穆朗玛峰、林海雪原、稻城亚

导游职业要求

丁、雅鲁藏布江大峡谷，以及边远地区的自然保护区等。

（二）人文点缀自然景观

人文点缀自然景观主要是指分布在我国东部经济发达地区的自然景观，如黄山、峨眉山、泰山、武夷山、庐山、青城山等。

（三）山地景观

山地景观是指由山地地形构成的景观，它涵盖了山地、丘陵、高原、峡谷等多种地形。山地景观的形成与地球构造、地壳运动、气候条件等自然因素密切相关。中国的著名山地景观众多，如华山、衡山、黄山、泰山、三清山、峨眉山等。这些山地景观不仅因其独特的自然风光而著名，还承载着丰富的历史文化和民俗风情。

（1）喀斯特景观（岩溶景观）：由碳酸岩类岩石（主要是石灰石）在以地下水为主、地表水为辅的内外营力作用下形成的独特地貌，如溶洞、石林、峰林等。

（2）风沙景观：常见于沙漠和戈壁地区，由风力作用形成的沙丘、沙山等地貌。

（3）黄土景观：以黄土高原为代表，由黄色土壤堆积而成的特殊地貌。

（4）火山景观：由火山活动形成的火山口、熔岩流、火山锥等地貌。

（5）地震遗迹景观：地震后留下的地貌变化，如地震断层、地震湖等。

（四）水体景观

水体景观主要包括地球表面的各种液态及固态水体景观。液态水体景观组合包括江河、湖泊、流泉、飞瀑和海洋，固态水体景观主要指各类冰川。

（1）河流景观：如长江、黄河等大河，以及山间小溪等。

（2）湖泊景观：如洱海、青海湖等大小湖泊。

（3）瀑布景观：如黄果树瀑布、尼亚加拉瀑布等。

（4）泉水景观：如济南的趵突泉等。

（5）海洋景观：包括海滩、海岛、珊瑚礁等。

（6）冰川景观：如南极、格陵兰岛等地的冰川。

（五）生物景观

生物景观是指由生物群体构成的总体景观和个别的具有珍稀品种和奇异形态的个体景观。

它包含了多种生物要素和非生物要素，具有较高的多样性、复杂性和稳定性，同时在时间和空间上也有着较大的尺度和维度。生物景观的具体分类包括植物旅游景观和动物旅游景观两大类。

（1）植物旅游景观主要包括珍稀植物、观赏植物、奇特植物、风韵植物，以及森林景观和草原景观等。例如，中国的四大长寿观赏植物松、柏、槐、银杏，以及玉莲、望天树、桫椤、百岁兰等珍稀植物，都是植物旅游景观的重要组成部分。此外，观赏植物还可以根据观赏部位的不同分为观花植物、观果植物、观叶植物和观形植物等。中国的苏州赏梅胜地、洛阳牡丹甲天下、云南奇花异卉大观园等都是著名的观赏植物景观。

（2）动物旅游景观主要包括各种珍稀动物和奇特的动物行为等。例如，澳大利亚的袋鼠和考拉、非洲的狮子和长颈鹿等都是著名的动物旅游景观。

生物景观的形成和发育受到多种因素的影响，包括地形地貌、气候、土壤和植被等。土壤作为景观的重要成分之一，不仅为植物、微生物和动物提供营养水分和栖息场所，还通过微生物和土壤动物的分解、转化和改造作用对景观产生影响。植被则是生态系统中的生产者，为其他动物和微生物提供物质来源和栖息地，同时随着植被类型的变化和发展，景观也表现出相应的变化。

九寨沟、西双版纳热带雨林和大堡礁等都是著名的生物景观。九寨沟以其独特的高山湖泊、瀑布、森林和雪峰等自然景观为主要特色，拥有丰富的水生生物景观。西双版纳热带雨林则以其丰富的植物资源和珍稀动物为特色，构成了一个独特的动植物生物景观。大堡礁则是世界上最大的珊瑚礁系统，拥有丰富的海洋生物资源，构成了一个独特而美丽的海洋生物景观。

（六）气象气候景观

气象气候景观是指由于气象因素形成的自然景观，包括云、雾、雨、雪、风等天气现象所构成的景观。这些景观是自然景观的重要组成部分，与地质、地貌、生物等其他自然景观相互影响、相互依存。气象气候景观的分类如下：

（1）雨景、雪景、雾凇等天气景观。

（2）极昼极夜奇景、霞景月色景观、流星陨石奇景等天象奇观。

我国幅员辽阔，气候类型复杂多样，从热带到寒温带，从湿润地区到干旱地区，都分布着各种气象气候景观。这些景观具有鲜明的地域差异，如沿海沿江地区水汽充足，多雨水，易出现云、雾等与水汽有关的气象景观，而内陆地区则表现为干旱多风沙的景观。

此外，气象气候景观还具有时间性和季节性的特点，在不同的季节和时间段内，气象景观的表现形式和强度也会有所不同。例如，云海景观在特定环境条件下较容易观赏到，而彩虹等景观则需要在特定的天气条件下才能出现。

在园林景观设计中，气象气候景观也扮演着重要的角色。例如，在风景园林中，水景不仅是设计元素之一，还需要承担起调节气候的功能。同时，在设计建筑时，也需要考虑与气候相适应的建筑形式，如朝向、布局和间距等。

（七）其他景观

（1）历史遗迹景观：虽然这主要是人文景观，但一些自然与文化交融的遗址也属于这一范畴。

（2）风土人情景观：一个地方特有的自然环境和风俗、礼节、习惯等，虽然主要是人文方面，但也与自然景观密切相关。

四、自然景观赏析

山、水、气、光、动物、植物等自然要素的奇妙结合，构成了千变万化的景观和环境。人们对自然景观的欣赏，主要通过人的视觉、听觉、嗅觉、味觉、触觉等途径的直接感受，进而产生联想，并通过理念的感知印象和综合分析，产生美感并获得精神上与物质上的享受。游客往往用"游山玩水"代替旅游，古代文人也用"醉翁之意不在酒，在乎山水之间也""迁客骚人多会于此，览物之情得无异乎"来形容对自然山水的喜爱，这也说明山水在游客心目中的地位。

（一）形式美

形式美包括视觉美、听觉美、味觉美、嗅觉美等。对自然景观形成的形体、线条、色彩，观之能令游客产生视觉美；对风声、雨声、涛声、泉声、瀑布声、鸟鸣声等大自然发出的声响，听之能令人产生听觉美；对植物花卉散发出的各种气味，嗅之使游客能感到嗅觉美；对植物果实或者某些山林特产，品尝能使游客感到味觉美；对自然景观，触之能令人感到十分惬意的触觉美。

（二）文化美

文化美具有物象所表达出的人类文明程度，这种程度越高，物象审美价值就越大。一些风景区内的历史典故、传说，无不蕴含着前人的主观理解和审美情趣。

（三）象征美

自然景观的美可以通过某些物体形象和意境表现出象征意义或象征美。象征是一种寓意或者隐喻，如莲花象征纯洁、高尚，竹子象征刚直、虚心，苍松翠柏象征刚强、长寿等，导游的任务就是要在认识和掌握自然景观美的基础上，遵循形式美—文化美—象征美的思路引导游客进行审美活动。

五、自然景观导游的基本要求

（一）熟悉线路

以自然景观为主体的旅游风景区一般景区面积较大，为了不破坏自然景物，游览线路往往较为隐秘，因此导游在带领游客游览以自然景观为主体的景区时，必须熟悉并掌握最佳游览线路，避免走回头路，线路安排不能断径绝路。

熟悉线路

（二）掌握必要的自然科学知识

由于自然景观类型丰富，因此，作为导游必须相对全面地掌握与自然景观相关的科学知识，如地质地貌学、水文学、植物动物学、气象气候学、生态学等常识。

（三）掌握相关文学知识

中国古代大量文学作品都与山水相关。要提升自然景观游览体验，导游必须提高自身的文学修养，讲解中适时引入著名的山水诗、词、文，让游客真正体验到"明月松间照，清泉石上流"的中国山水文化的精髓。

（四）熟悉相关景点延伸文化常识

在中国，山水是不同景观的本底，并在此基础上形成了不同的文化类型。中国有句俗话"一方水土养一方人""一方人创造一方文化"，在中国，自然山水和文化是密不可分的。

（五）掌握自然景观的观景方法

在游览过程中，要根据不同自然景观的特征，实行动态观赏和静态观赏相结合，积极引导游客参观游览。自然景观有外在美的共显特征，在游览过程中要注意"导"与"游"的有机结合；在观赏过程中还应注意观赏的距离、角度、时间。

（六）灵活运用导游方法

面对不同的景物、不同的游客要使用不同的导游方法。导游方法多种多样，贵在因时、因地、因人而异，贵在灵活。

任务实施

制订旅游计划、创作导游词，是实施旅游活动前必不可少的一项工作，作为一名优秀的地方陪同导游，小方通过上面的学习，已经熟悉并掌握如何制订旅游接待计划、创作自然景观导游词，接下来让我们动起手来，与小方一起制订一个石家庄出发张家界双卧五日旅游接待计划和张家界接待导游词吧！

【导游词范例】

鬼斧天工——张家界武陵源

"居人共住武陵源，还从物外起田园。"亲爱的游客朋友，欢迎大家来到武陵源景区参观游览。

武陵源地处湖南省西北部，与慈利县交界，南与张家界市永定接壤，西北与桑植县毗连，拥有我国第一个国家森林公园。整个景区包括张家界国家森林公园、天子山自然保护区、索溪峪风景区，方圆369平方千米，拥有300多个景点，上千处潭、湖、溪、瀑，上万种珍稀动植物，它以雄、奇、幽、野、秀、峻、险的景观，赢得了"风景明珠"的美誉。相传，汉高祖时留侯张良慑于"飞鸟尽，良弓藏"的历史教训，效法春秋战国时越国的范蠡功成身退、隐居江湖的办法，来到大庸，因而留下了张氏子孙，故取名张家界。

武陵源自然风景区山奇、水秀、桥险、洞幽，蕴含着毫无修饰的自然美。风景明珠张家界素有"奇峰三千，秀水八百"之誉。碧涛连山，蔚然如海，在莽莽苍苍的林海内珍藏着红豆杉、香果等珍稀树种、名贵药材和各种奇花异草、珍禽怪兽。据统计，张家界的树木品种是整个欧洲的两倍以上。密林深处，藤蔓交织，清流汩汩，优美迷人。数千座石峰拔地而起，淙淙流水、蜿蜒曲折，林木花卉漫山遍野。张家界的风光山色具有秀丽、原始、集中、奇特、清新五个特点，堪称"五绝"。真是"五步一个景，十步一重天"。张家界市市长鲁平益形容张家界是"三千奇峰，峰峰标异；八百秀水，水水妩媚；挟泰山之雄险，兼桂林黄山之秀奇"。

武陵源有珍奇的地质遗迹景观。包容了砂岩峰林、方山台原、天桥石门、岩溶峡谷、岩溶洞穴、沉积构造、地层剖面、古生物化石等丰富多彩的地质遗迹。其千姿百态，变幻莫测的地貌景观，保存着几乎没被扰动的原始自然状态的生态环境与生态系统。因此从科学的角度和美学的角度评价，张家界砂岩峰林地貌与石林地貌、丹霞地貌，和美国的丹佛地貌相比，其景观、特色更胜一筹，是世界上极其特殊的、珍贵的地质遗迹景观。

武陵源的春、夏、秋、冬，阴、晴、朝、暮，气象万千。云雾是武陵源最多见的气象奇观，有云雾、云海、云涛、云瀑和云彩五种形态。雨后初霁，先是朦胧大雾，继而化为白云，缥缈沉浮，群峰在无边无际的云海中时隐时现，如蓬莱仙岛、玉宇琼楼，置身其间，飘飘欲仙，有时云海涨过峰顶，然后以铺天盖地之势，飞滚直泻，化为云瀑，蔚为壮观。

丰富的旅游资源为张家界武陵源旅游产业的发展创造了良好的条件。江泽民同志在1995年3月视察张家界时亲笔题词"把张家界建设成为国内外知名的旅游胜地"，为张家界的发展指明了方向。

好了，亲爱的游客朋友们，车行前方到站就是本次旅行的第一站张家界景区了，请大家带好随身物品，随我一起走进张家界，感受它独特的魅力吧！

📷 任务实训

导游的工作涉及旅游的各个方面，要想带好一个自然景观游览团就要熟悉工作的每一个环节，培养好自己的旅游接待能力。只有不断地训练，才会有提升，同学们，让我们一起练起来吧！完成旅游团队接待服务行程单并任选一个张家界景区自然景观创作一篇导游讲解词吧！

_____（自然景观）导游词

_____

_____

_____

任务评价

学生自评

主要内容	自我评价	
	我学会了	我的问题
自然景观概念		
自然景观特点		
自然景观类型		
自然景观赏析		
自然景观导游基本要求		
7S 素养体现情况		

教师评价

任务名称	考核项目	考核内容	评分		备注
			分值	得分	
自然景观导游	知识准备	认真学习教材，预习新知识	10		
	教学过程	积极参与训练任务，按接待流程制订接待计划，在教学中学习专业技能和相关知识	20		
	训练任务	独立完成训练任务，填写接待行程单	30		
	学习主动性	积极承担学习相关工作任务，实训中主动学习相关专业知识	10		
	7S 素养	遵守实训室及相关场地规章制度，穿着统一服装，按要求进行实训，具备环保意识和良好的行为习惯，保持实训室及相关场地卫生	10		
	纪律性	遵守学习纪律，不迟到、早退，不做与教学无关的事情	20		
总评			100		
评价人签名：			_____年___月___日		

任务五 人文景观导游

任务描述

　　人文景观是指整个人类生产、生活等活动所留下的具有观赏价值的艺术成就和文化结晶，是人类对自身发展过程科学的、历史的、艺术的概括。中国古代建筑导游、宗教导游、园林艺术导游、博物馆导游等方面，构成了丰富多样的人文导游内容，通过想、观、听、看等，结合对人文景观的感知和综合印象，游客可以产生美的感受并获得知识上的收获。

任务导入

　　广东某亲子旅行团一行30人于9月30日由广州南乘高铁在16：27抵达北京西站，入住北京饭店，北京友好国际旅行社派小张进行接待并陪同游览。

　　按照亲子旅行团地陪的服务规范进行分析：

　　1. 导游小张应用什么样的方式欢迎远道而来的游客？

　　2. 按照亲子旅行团的目的，小张应该准备怎样的人文景观讲解导游词？

　　3. 该团抵达酒店后，地陪如何紧扣团型创作出北京人文景点的旅游行程及导游词？

学习地点

　　模拟导游实训室、室外实训场。

<<< **ZHISHI ZHUNBEI**
>>> **知识准备**

一、人文景观的概念

　　人文景观，又称文化景观，是指自然与人类创造力的共同结晶，它反映了区域独特的文化内涵，特别是出于社会、文化、宗教上的要求，并受环境影响与环境共同构成的独特景观。人文景观最主要的体现是聚落，还包括服饰、建筑、音乐等。

在学术界中，人文景观的定义有多种。一种常见的定义是，人文景观是指历史形成的、与人的社会性活动有关的景物构成的风景画面，它包括建筑、道路、摩崖石刻、神话传说、人文掌故等。人文景观是社会、艺术和历史的产物，带有其形成时期的历史环境、艺术思想和审美标准的烙印，具体包括名胜古迹、文物与艺术、民间习俗和其他观光活动。

人文景观的特点包括具有观赏性的视觉美感；具有历史性，需要有一定的历史知识积累；具有文化性，需要有一定的文化内涵；具有多种多样的表现形式，可以是实物载体，如文物古迹，也可以是精神形式，如神话传说、民俗风情等。

人文景观的范围广泛，包括历史古迹、古典园林、宗教文化、民俗风情、文学与艺术、城镇与产业观光等类型。其中，历史古迹景观是人类社会历史发展过程留存下来的活动遗址、遗迹、遗物及遗风等；古典园林景观是在一定的地段范围内，利用和改造自然山水地貌或者人为地开辟山水地貌，并结合植物的栽植和建筑的布置，从而构成一个供人们观赏、游憩、居住的环境。

人文景观是自然与人类创造力共同作用的产物，具有丰富的历史和文化内涵，对人们的审美和文化传承具有重要意义。

二、人文景观的特点

（一）地域性

人文景观的地域性特点在于它们深深地植根于各自所处的地理环境、历史背景和文化传统之中，呈现出鲜明的地方特色和民族风格。这些景观不仅是自然与人文的和谐融合，更是历史与现代的交汇点，它们以独特的方式展现了各地区的独特魅力和文化底蕴，让人们在欣赏美景的同时，也能感受到浓厚的历史氛围和民族风情。

【案例引入】

> 平遥古城位于山西省平遥县，是中国历史文化名城之一。古城内的建筑、街道、商铺等都保存着明清时期的风格，游客可以感受到古代中国的城市风貌和历史文化氛围。同时，平遥古城还是晋商文化的发源地之一，游客可以了解到晋商的历史和文化。

【分析】人文景观地域性主要体现在地方文化特色、民族风格、多样性，以及历史文化的传承性等方面。这些使得人文景观成为了解当地文化、历史、传统的重要途径，也是旅游的重要资源。

【思考】

（1）平遥古城体现了人文景观的哪些地域性特征？

（2）你从案例中获得哪些启示？

（二）历史的遗存性

人文景观的历史遗存性体现在它们作为时代的见证者，承载着丰富的历史信息和深厚的文化底蕴。这些景观不仅是古人智慧的结晶，更是历史长河中的瑰宝，它们以静默的姿态诉说着过去的故事，让我们在触摸历史的脉络中，感受到时间的沉淀和文化的传承。这些历史遗存的人文景观，不仅是人们了解过去、认识历史的宝贵资源，更是激发我们珍惜文化遗产、传承历史精神的重要载体。

人文景观是人类文化的地域表现形式，是特定历史条件的产物，是时代的文化符号。它包含了当地的历史、文化、传统、民俗、艺术等多个方面，反映了不同地域、不同民族、不同历史时期的独特文化特色。

（三）多样性

人文景观的形式和内容非常多样，可以包括建筑、雕塑、绘画、音乐、舞蹈、戏剧、文学等多种艺术形式，也可以包括风俗习惯、节庆活动、民间工艺等非物质文化形式。

（四）观赏性

人文景观的观赏性在于其独特的历史底蕴、艺术价值及文化内涵，它们通过建筑、雕塑、园林等多种形式的展现，让人们在欣赏的同时，能够感受到不同历史时期和地域文化的魅力。这些景观不仅令人赏心悦目，更能够激发人们对美的追求和对文化的敬仰。

（五）继承性

人文景观的继承性特点显著，它承载着丰富的历史记忆和深厚的文化底蕴，成为连接过去与未来的桥梁。这些景观不仅是对古人智慧和创造力的致敬，更是供后世传承和发扬的宝贵财富。通过保护和修复人文景观，我们能够将先人的文化遗产和艺术成就完整地保留下来，让后人能够亲身感受到历史的厚重和文化的魅力。这种继承性不仅体现了对历史的尊重，也推动了人类文明的持续发展和进步。

（六）垄断性

人文景观的垄断性特点体现在其独特性和不可复制性，每个人文景观都承载着特定地域、民族或历史时期的独特文化印记，这种独特性使得人文景观具有无可替代的价值。无论是历史遗迹、文化古迹，还是民族风情，都是独一无二的存在，无法被其他任何事物所替代。这种垄断性不仅增加了人文景观的珍稀性，也使其成为全球各地游客争相探访的热门目的地。

（七）教育性

人文景观的教育性特点在于其能够直观地展示人类历史、文化和艺术的精髓，为公众提供直观、生动的教育资源和场所。通过参观和体验人文景观，人们能够深入了解一个地区、一个民族或一个历史时期的独特文化、价值观和世界观，从而拓宽视野、增长知识、陶冶情操。这种教育性不仅有助于传承和弘扬优秀的传统文化，还能够培养人们的审美情趣、人文素养和批判性思维，对于提高整个社会的文化素质和文明程度具有重要意义。

首先，人文景观是历史的见证者，能够生动地展示过去的历史事件、人物和文化现象。通过参观这些景观，人们可以直观地感受到历史的厚重和深远，深入了解过去的文化传统和社会变迁。这种直观的历史教育有助于增强人们对历史的认知和尊重，培养历史意识。

其次，人文景观是文化多样性的体现。它们包含了不同地域、不同民族和不同历史时期的文化元素，展示了人类文化的多样性和丰富性。通过参观和学习这些景观，人们可以更加深入地了解不同文化的特点和价值，促进文化交流和理解，培养跨文化意识和开阔全球视野。

此外，人文景观还蕴含着丰富的教育内涵。它们不仅是历史的见证者，也是智慧的结晶。通过学习和研究这些景观，人们可以汲取前人的智慧和经验，培养自己的创新思维和解决问题的能力。这种教育性有助于提升人们的综合素质和竞争力，为未来的发展打下坚实的基础。

三、人文景观的类型

人文景观，作为人类文化、历史、艺术和宗教等多元元素与自然环境相互融合的产物，具有独特而丰富的类型。这些景观不仅是人类智慧的结晶，更是人类文化多样性和创造力的生动体现。下文将深入探讨人文景观的类型，以及每种类型的特点和魅力。

（一）历史文化景观

历史文化景观是人文景观中最为核心和丰富的类型之一。它们以历史遗迹、文化古迹和古建筑为主要表现形式，承载着人类历史的记忆和文化的传承。这些景观的形成往往需要经过漫长的岁月沉淀，是历史长河中的瑰宝。

1. 历史遗迹

历史遗迹是指见证了人类历史发展重要阶段，具有历史、科学、文化价值的古代遗址。它们包括古城址、古战场、古民居等，是研究人类历史和文化的重要物证。例如，三星堆遗址、秦始皇陵兵马俑、北京故宫等都是世界著名的历史遗迹，它们不仅见证了古代文明的辉煌，也吸引了无数游客前来探寻历史的秘密。

2. 文化古迹

文化古迹是指具有特定历史时期、地域特色和民族风格的古代建筑、雕塑、壁画等艺术品。这些古迹是人类文化的瑰宝，体现了古代人民的艺术智慧和审美追求。例如，应县木塔、乐山大佛、敦煌莫高窟等都是世界著名的文化古迹，它们以独特的艺术风格和深邃的文化内涵吸引着世界各地的游客。

3. 古建筑

古建筑是指具有悠久历史和独特风格的古代建筑。这些建筑不仅具有实用价值，更是艺术和历史的载体。它们以独特的建筑风格和精湛的建筑技艺展现了古代人民的智慧和才华。例如，北京故宫、颐和园，以及承德避暑山庄等都是世界著名的古建筑群，它们以精美的建筑艺术和丰富的文化内涵吸引着无数游客前来参观。

（二）民俗风情景观

民俗风情景观是指以民俗村落、民俗活动、民族特色为主要内容的景观。这些景观以独特的民俗风情和浓郁的地方特色吸引着游客的目光，是人文景观中不可或缺的一部分。

1. 民俗村落

民俗村落是指保存着传统民居、民俗文化和民间艺术的村落。这些村落以独特的建筑风格和丰富的民俗文化吸引着游客前来探访。在民俗村落中，游客可以亲身体验到当地的传统生活方式和文化习俗，感受到浓郁的乡土气息和人文情怀。

2. 民俗活动

民俗活动是指具有地方特色和民族风格的民间文化活动。这些活动以独特的表演形式和丰富的文化内涵吸引着游客的目光。例如，中国的春节、元宵节、端午节等传统节日都伴随着各种形式的民俗活动，如舞龙舞狮、划龙舟、吃粽子等。这些活动不仅展示了中国传统文化的魅力，也为游客提供了独特的文化体验。

3. 民族特色

民族特色是指具有独特民族风格和文化特色的景观。这些景观以独特的民族服饰、民族建筑和民族艺术为主要表现形式，展现了不同民族的文化魅力和特色。例如，苗族银饰、傣族竹楼、藏族唐卡等都是具有独特民族特色的艺术品，它们以精美的工艺和独特的文化内涵吸引着游客的目光。

（三）宗教文化景观

宗教文化景观是指以宗教建筑、宗教艺术和宗教仪式为主要内容的景观。这些景观以独特的宗教文化和艺术风格吸引着游客的目光，是人文景观中独具特色的一部分。

1. 宗教建筑

宗教建筑是指用于宗教活动的建筑，如寺庙、教堂、清真寺等。这些建筑以独特的建筑风格和精美的装饰艺术展现了不同宗教的文化特色和审美追求。例如，白云观、布达拉宫、圣·索菲亚大教堂等都是中国著名的宗教建筑，它们以精美的建筑艺术和深厚的文化内涵吸引着无数游客前来参观。

2. 宗教艺术

宗教艺术是指以宗教为主题或具有宗教内涵的艺术品，如壁画、雕塑、绘画等。这些艺术品以独特的艺术风格和深邃的文化内涵展现了不同宗教的文化魅力和艺术价值。例如，龙门石窟的魏碑书法艺术、敦煌莫高窟的壁画等都是中国著名的宗教艺术品，它们以精湛的艺术技艺和独特的文化内涵吸引着无数游客前来欣赏。

3. 宗教仪式

宗教仪式是指具有特定宗教意义和宗教程序的仪式活动，如佛教的法会、基督教的礼拜、伊斯兰教的朝圣等。这些仪式活动以独特的仪式形式和深厚的文化内涵吸引着游客的目光。通过参与宗教仪式活动，游客可以深入了解不同宗教的文化传统和信仰体系，感受到宗教文化的独特魅力和精神力量。

（四）城市文化景观

城市文化景观是指以城市文化、城市建筑和城市生活为主要内容的景观。这些景观以独特的城市风貌和丰富的文化内涵吸引着游客的目光，是人文景观中独具特色的一部分。

1. 城市建筑

城市建筑是指具有独特风格和历史文化价值的建筑。这些建筑以独特的建筑风格和精湛的建筑技艺展现了城市的文化魅力和艺术价值。例如，广州的五羊雕塑、海南的天涯海角、上海的外滩建筑群等都是中国著名的城市建筑，它们以精美的建筑艺术和独特的文化内涵吸引着无数游客前来参观游览。

2. 城市文化

城市文化是一个城市独有的精神面貌和文明的体现，它融合了历史传统、现代文明、社会习俗和人文精神等多个方面，形成了城市独特的魅力。城市文化不仅展现了城市的建筑风貌、艺术气息和社会风尚，还体现了城市居民的生活方式、价值观念和创新精神。它是城市发展的灵魂，是推动城市持续发展的重要力量。

3. 城市生活

城市生活景观是城市中一道独特的风景线，它融合了街道的繁忙、公园的宁静、建筑的雄伟与生活的细腻，共同编织出一幅生动而多彩的城市画卷。这些景观元素不仅美化了城市环境，更为居民提供了丰富的休闲、娱乐和社交空间，让城市生活更加多姿多彩，充满活力与魅力。

四、人文景观导游的途径

（一）把握人文景观的历史特征，讲解中凸显时代特征

人文景观具有明显的时代性和地域性，是人类在历史发展进程中改造、利用、适应自然的过程中所创造的。因此，在导游讲解过程中，必须突出它的时代性和前瞻性。

（二）紧扣人与环境的主题

现今保留下来的人文景观，往往都是人类在历史长河中所创造的精品，是人与自然和谐发展的结晶。讲"古"论今，发挥人文景观的延续教育性。

（三）突出文化内涵

每一类型的人文景观都包含博大精深的文化内涵，导游在实际导游过程中必须把景观所包含的、游客不能直接观看到的内容，通过不同的导游技巧和方法传递给游客。

五、人文景观导游讲解要领

（一）强化知识性基础

人文景观与自然景观相比，最大的特点之一就是文化内涵具有延伸性。

（二）注重讲解的通俗性

人文景观的文化内涵博大精深，但游客旅游的目的并不是做学术探索，因此导游在实际导游过程中必须合理组织自己的语言，以满足游客的需要。

（三）有针对性地讲解，做好充分准备

游客组成是极为复杂的，导游在实际人文景观讲解之前，必须对游客文化基础做全面的分析，找出文化差异。

（四）灵活运用导游技巧及方法

在讲解人文景观时，导游需灵活运用技巧，以引人入胜的故事和专业知识，揭示其背后的历史与文化内涵。通过生动的描述和与游客的互动，游客能够身临其境，感受人文景观的独特魅力。同时，注重细节解读，引导游客发现其中的艺术美和文化价值。也可以借助现代科技手段，为游客带来沉浸式的体验。通过个性化服务，满足不同游客的需求，确保每位游客都能深刻领略人文景观的韵味。

（五）突出景物的思想特征

导游的服务中很重要的一条就是教育功能，要做到借地发挥，有的放矢，把人文景观的学术价值、思想价值充分地展现在游客面前，使游客的思想得到升华。

（六）把握人文景观审美特征

人文景观具有特殊的协调美、统一美、艺术美和创造美。在导游过程中要全面地把文化景观中所包含的内容介绍给游客。

 任务实施

制订旅游计划、创作导游词，是实施旅游活动前必不可少的一项工作，作为一名优秀的地方陪同导游，小张通过上面的学习，已经熟悉并掌握如何制订旅游接待计划、创作人文景观导游词，接下来让我们动起手来，与小张一起编写一份北京接待导游词吧！

【导游词范例】

天坛

各位游客朋友们，大家好！欢迎来到我们伟大祖国的首都——北京，更欢迎各位来到这座古老而神圣的建筑群——天坛。我是你们的导游，非常荣幸能够陪伴大家一同领略这座历史瑰宝的风采。

天坛，位于北京市南部，是明清两代皇帝祭天、祈谷的场所，也是世界文化遗产之一。它始建于明永乐十八年（1420年），与故宫、颐和园并称为"北京三大名胜"。天坛占地面积约273万平方米，分为内坛和外坛两部分，主要建筑集中于内坛。

首先，我们将进入的是天坛的南门——圜丘坛。圜丘坛是皇帝冬至日祭天大典的场所，

又称祭天坛。它是一座三层圆形石造建筑，每层都有九级台阶，寓意着"九重天"。整个圆丘坛的构造都体现了"天圆地方"的哲学思想。站在这里，我们可以感受到古代皇帝对天的敬畏与尊崇。

接下来，我们将前往祈年殿。祈年殿是天坛的主体建筑，也是天坛的象征。它是一座圆形三重檐攒尖顶建筑，屋顶覆盖着蓝色琉璃瓦，象征着天。祈年殿内部供奉着皇天上帝的神位，是皇帝祈求五谷丰登、风调雨顺的地方。每年农历正月上辛日，皇帝都会在这里举行祈谷大典，祈求国家风调雨顺、五谷丰登。

在祈年殿的东侧，有一座皇穹宇。皇穹宇是存放皇天上帝神牌和皇帝祈谷坛上所用祈谷牌位的地方。它的圆形建筑风格和祈年殿相呼应，体现了古代建筑艺术的和谐统一。

此外，天坛内还有回音壁、三音石等奇妙的声学现象。回音壁是一道圆形的围墙，站在一端轻声说话，另一端的人可以清晰地听到。而三音石则是一块神奇的石头，站在上面拍手，可以听到三次回声。这些现象都是古代建筑师们的巧妙设计和精湛技艺建筑而成的。

在天坛的游览过程中，我们不仅可以欣赏到古代建筑的雄伟壮观，还可以感受到古代文化的博大精深。这里的一砖一瓦、一草一木都蕴含着深厚的历史文化底蕴。

各位游客朋友们，天坛不仅是一座历史建筑，更是一座文化宝库。它见证了中华民族的历史变迁和文化传承，也见证了古代人民的智慧和创造力。在这里，我们可以感受到古代皇帝对天的敬畏与尊崇，也可以感受到古代人民对美好生活的向往和追求。

天坛是中华民族的瑰宝，也是全人类的共同财富。我们应该珍惜它、保护它、传承它。希望大家在游览的过程中能够爱护环境、尊重历史、传承文化。

📷 任务实训

导游的工作内容涉及旅游的各个方面，要想带好一个人文景观游览团就要熟悉工作的每一个环节，培养好自己的旅游接待能力。只有不断地训练，才会有提升。同学们，让我们一起练起来吧！完成旅游团队接待服务行程单并任选北京市的颐和园或恭王府等人文景观创作一篇导游讲解词吧！

_____（人文景观）导游词

_____

_____

_____

_____

_____

_____

_____

_____

任务评价

学生自评

主要内容	自我评价	
	我学会了	我的问题
人文景观概念		
人文景观特点		
人文景观类型		
人文景观导游途径		
人文景观导游讲解要领		
7S 素养体现情况		

教师评价

任务名称	考核项目	考核内容	评分		备注
			分值	得分	
人文景观导游	知识准备	认真学习教材，预习新知识	10		
	教学过程	积极参与训练任务，按接待流程制订接待计划，在教学中学习专业技能和相关知识	20		
	训练任务	独立完成训练任务，填写接待行程单	30		
	学习主动性	积极承担学习相关工作任务，实训中主动学习相关专业知识	10		
	7S 素养	遵守实训室及相关场地规章制度，穿着统一服装，按要求进行实训，具备环保意识和良好的行为习惯，保持实训室及相关场地卫生	10		
	纪律性	遵守学习纪律，不迟到、早退，不做与教学无关的事情	20		
总评			100		
评价人签名：			_____年___月___日		

训练三

导游应变技能训练

素养目标 →

1. 培养学生对导游职业岗位的认同感，提高学生的职业道德水平；

1. 通过课程学习，培养学生的知识探究能力、团结协作能力和创新意识；

3. 提高学生的知识储备，培养学生的同理心和专业素养，提升学生的心理素质和应变能力。

知识目标 →

1. 掌握关于游客餐饮、住房、娱乐、购物等方面个别要求的处理；

2. 掌握活动计划和日程变更、财物丢失、游客走失等突发事件的处理；

3. 熟悉游客要求自由活动和转递物品的处理；

4. 熟悉漏接、空接、错接，游客患病、死亡等突发事件的处理；

5. 熟悉旅游安全事故的预防与处理。

能力目标 →

1. 能够独立处理游客的个别要求；

2. 能够应对处理带团过程中的各种突发事件；

3. 能够掌握个别要求的处理原则和处理技巧；

4. 能够熟悉旅游安全事故类型及应对措施；

5. 具备基本应变能力，能够提供规范、周到的高质量导游服务。

任务一 个别要求处理

任务描述

　　游客的个别要求是指参加团体旅游的游客提出的各种计划外的特殊要求。导游作为团队的领导者和服务者,需要灵活、迅速地处理这些要求,以确保每位游客的满意度和整个团队的和谐。本任务主要训练导游对游客个别要求的处理。通过案例分析和实践演练,导游可以更加自信和专业地面对各种工作挑战。

任务导入

　　安徽某旅行团一行 28 人于 6 月 15 日 11:28 抵达承德盛华大酒店,办理完入住准备用餐时,旅游团中的游客向导游小陈提出了是否可以自行点菜、临时加菜、医嘱禁止食盐等各种问题。

　　面对游客的种种特殊要求,导游应该怎样处理?怎样才能使要求得到基本满足的游客高高兴兴,又使个别要求没有得到满足的游客也满意导游的服务,甚至使爱挑剔的游客也对导游提不出更多的指责?

学习地点

模拟导游实训室、室外实训场。

<<< **ZHISHI ZHUNBEI**
>>> 知识准备

一、游客个别要求的概念及特点

(一)概念

　　游客的个别要求是指在旅游团到达旅游目的地后的旅游过程中,个别游客或少数游客因旅游生活上的特殊需要,临时提出的要求。这些要求具有多样性和随机性,可能涉及餐饮、住宿、交通、游览、购物、娱乐等多个方面。

（二）游客的个别要求类别

游客的个别要求大致可以分为以下三种情况：

合理的且经过导游努力可以满足的要求。对于这类要求，导游应积极协助，尽量予以满足。

具有合理性但难以满足的要求。对于这类要求，导游应实事求是地向游客说明情况，耐心解释，寻求游客的理解。

不合理的要求。对于这类要求，导游应坚持原则，予以婉拒，并说明理由。同时，要注意处理方式和态度，避免引起游客的不满和投诉。

在处理游客的个别要求时，导游应遵循"尊重游客、满足需求、维护公平、保证安全"的原则，以提供优质的服务，确保旅游活动的顺利进行。在旅游过程中，游客可能会因为个人喜好、健康状况、宗教信仰或其他原因提出各种个别要求。

二、游客的个别要求处理原则

根据国际惯例和导游服务的经验，导游在处理游客的个别要求时，一般应遵循以下五条基本原则：

（一）符合法律原则

《导游人员管理条例》和《旅行社管理条例》中规定了游客、导游、旅行社三者之间的权利和义务，导游在处理游客个别要求时，要符合法律对这三者的权利和义务规定。同时，还要考虑游客的个别要求是否符合我国法律的其他规定，如果相违，应断然拒绝。

（二）合理可行原则

合理的基本判断标准是不影响大多数游客的权益、不损害国家利益、不损害旅行社和导游的合法权益，可行是指具备满足游客合理要求的条件。导游在服务过程中，应努力满足游客合理而可行的需要，使他们能够获得愉快的旅游经历，从而给旅游目的地的形象、旅行社的声誉带来正面影响。特别是一些特种旅游团，如残疾人旅游团、新婚夫妇旅游团。

（三）公平对待原则

公平对待原则是指导游对所有游客应一视同仁、平等对待。不管游客来自哪个国家、属于哪个民族、哪种宗教信仰、何种肤色，不管其社会经济地位高低、年老年幼、男性女性，也不管身体是否残疾，都是我们的游客，都是导游服务的对象。导游要尊重他们的人格，一视同仁，热情周到地为他们提供导游服务，维护他们的合法权益，满足他们的合理可行要求，切忌厚此薄彼、亲疏偏颇。

（四）尊重游客原则

游客提出的要求，大多数是合情合理的，但总会有游客提出一些苛刻的要求，使导游为难。旅游团中也不可避免会出现无理取闹之人。对待这种情况，导游一定要记住自己的职责，遵循尊重游客的原则，对游客要礼让三分。游客可以挑剔，甚至吵架和谩骂，但导游要保持冷静，始终有礼、有理、有节，不卑不亢。在游客提出个人要求时，导游一要认真倾听，不要没有听完就指责游客的要求不合理或胡乱解释；二要微笑对待，切忌面带不悦、恶言相向；三要实事求是、耐心解释，不要用"办不到"一口拒绝。必须强调的是，一定不要和游客正面冲突，以免影响整个旅游活动。

（五）维护尊严原则

导游在对待游客的个别要求时，要坚决维护祖国的尊严和导游的人格尊严。面对游客有损国家利益和民族尊严的要求时断然拒绝、严正驳斥；对游客提出的侮辱自身人格尊严或违反导游职业道德的不合理要求，有权拒绝。

三、游客个别要求的处理流程

（一）接收并确认游客要求

导游应主动询问并耐心倾听游客的个别要求，然后确认游客的具体需求和期望。

（二）评估可行性和影响

根据行程安排、团队规定、资源限制等因素，初步判断要求的合理性和可行性。同时，考虑要求的紧急程度和影响范围。

（三）与游客沟通解释

向游客清晰解释能否满足其要求的原因。如不能满足，应提供替代方案或建议。在这个过程中，导游需要保持耐心和理解，以确保游客感受到被关注和尊重。

（四）必要时与旅行社或供应商协调

若需要满足游客的要求，导游应与旅行社、供应商等协调资源，调整安排。确保所有相关方了解并同意调整后的计划，然后迅速、准确地执行新的安排。

（五）反馈与记录

跟进调整后的实施情况，确保游客满意。收集游客的反馈，作为未来改进服务的参考。

四、游客个别要求的处理策略

（一）积极倾听

对于游客提出的个别要求，导游首先要积极倾听，表示尊重和理解。保持耐心和同理心来倾听游客的需求，决不能置之不理，更不能断然拒绝。积极倾听可以使导游更好地把握游客的期望，为后续的处理工作奠定基础。

（二）确保信息准确无误

面对个别游客的个别要求，导游一定要认真倾听，冷静、仔细地分析。不应在没有听完对方讲话的情况下就胡乱解释，或表示反感、恶语相加，意气用事。

（三）避免使用负面语言

对不合理或不可能实现的要求和意见，导游要耐心解释，实事求是；处理问题要合情合理，尽量使游客心悦诚服；导游千万不能一口回绝，不能轻易地说出"不行"两个字。

（四）使用沟通技巧

旅游团队中也难免有个别无理取闹者，如有遇到，导游应沉着冷静、不卑不亢、既不伤主人之雅又不损游客之尊，理明则让。若经过努力仍有解决不了的困难时，导游应向接待社领导汇报，请其帮助，力争使大家旅行愉快。

处理游客个别要求时，导游需要保持积极、主动的态度，遵循尊重、理解、灵活、协作等原则，为游客提供优质、个性化的服务。

五、游客个别要求的处理

（一）餐饮方面个别要求的处理

1. 特殊的饮食要求

由于宗教信仰、生活习惯、身体状况等原因，有些游客会提出饮食方面的特殊要求，例如，不吃荤，不吃油腻、辛辣食品，不吃猪肉或其他肉食，甚至不吃盐、糖和葱、姜、蒜等。如果所提要求在接待计划中已有写明，地接社在订餐时应予以落实，地陪应该及时予以确认。如果是游客在用餐前临时提出要求，地陪应立即与餐厅取得联系，尽量设法满足；如确有困难，地陪应向游客进行解释并表示歉意。必要时可协助游客自行解决用餐问题，餐费自理。

2. 要求换餐

有时游客由于口味习惯的不同或一时兴起，会提出换餐要求，如将中餐换成西餐，便餐换成风味餐等。如果在用餐前3小时提出换餐要求，地陪要通过地接社与餐厅联系换餐，尽量满足游客的要求，重新按游客要求落实用餐。换餐过程中若出现餐费差价，要事先和游客说明由其承担。如果游客在接近用餐时提出换餐，由于餐厅已做好准备，所以一般情况下难以满足游客的要求，导游应做好解释工作并向游客表示歉意，根据情况可以建议游客下一餐换餐。若游客仍坚持换餐，导游可建议其单独用餐，但要说明在综合服务费不退的情况下餐费自理。如果游客要求加菜、加饮料，导游应根据实际情况来处理。如果确因餐饮数量不够，导游应与餐厅交涉，令其按旅行社订餐标准提供餐饮。如果是游客的额外要求，则应在说明费用自理的情况下，协助餐厅满足游客的消费需求。

3. 要求单独用餐

由于旅游团成员间的内部矛盾或其他原因，有时个别游客会要求单独用餐。此时，导游首先要了解情况，在可能的情况下（如用餐桌数在两桌以上）进行席位调整，尽量满足游客的要求。如确有困难，要耐心做好解释和劝解工作，也可以请领队出面调解。如游客坚持要求单独用餐的话，导游可提供协助，但要告知其综合服务费不退且餐费自理等前提条件。

4. 要求提供客房内用餐服务

如果游客生病，导游应主动联系餐厅服务员，请其将饭菜送到游客房间以示关心。如果是健康的游客希望在客房用餐，导游应主动了解原因，提供力所能及的帮助，同时要告知游客客房送餐服务的费用由其自理。

5. 要求自费品尝风味

游客要求自费品尝风味时，导游应予以协助，推荐有关餐厅并帮助联系订餐。如果是导游根据季节向游客推荐当地时令风味，在游客用餐过程中要详细介绍菜肴的制作、特色和传说典故，必要时还要介绍吃法等知识。风味餐不在地接社指定的团队餐厅用时，要预先通过地接社退餐。游客在不退综合服务费的情况下，自理风味餐费。如果是在团队餐厅改用风味餐，游客则只需承担餐费差价。

6. 要求推迟用餐时间

游客如果因生活习惯或其他原因要求推迟用餐时间，导游应了解情况并与餐厅联系，适当推迟用餐时间。如有特殊情况不能予以满足时，要向游客做好解释并表示歉意。

（二）住宿方面个别要求的处理

1. 要求调换房间

游客在旅游过程中入住什么星级的饭店和哪个标准的客房，旅游协议书中均有明确规定。

（1）未达合同要求：如果旅行社向游客提供的客房低于协议标准，旅行社必须负责调换，确有困难时，须说明原因，并提出游客能够接受的补偿条件。

（2）卫生不达标：如果客房内有蟑螂、臭虫、老鼠等，游客要求换房时，应满足其要求，必要时可以提请旅行社调换饭店。

（3）打扫不干净：当客房内设备尤其是房间卫生达不到清洁标准时，应请饭店服务员立即打扫、消毒。

（4）朝向、位置等：如果游客要求调换不同朝向的同标准客房，原则上请领队在团内调整，必要时和饭店协商，尽量予以满足。实在无法满足时，要耐心地做好解释，并向游客致歉。

2. 要求提升客房标准

当游客要住高于协议标准的客房时，要主动了解原因。如果是客房未达协议标准，导游应主动予以调整，并向游客道歉。如果是游客的额外要求，可与酒店联系，尽量予以满足，但要说明在综合服务费不退的情况下由游客承担入住客房的房费。如果在入住酒店之前，游客提出此类要求，导游可以与酒店联系，尽量满足，但要说明游客需承担退房损失费和房费差价。

3. 要求住单间

住双人间的游客如果提出要求住单人间，导游应主动了解原因。一般情况下，因同室游客闹矛盾或生活习惯不同而要求住单间的居多。这时，导游应请领队调解或在团队内部进行调配，假如调解、调配不成，而酒店又有空房可满足，则可以满足要求，但须事先说明单间的房费由入住者自理。

4. 要求延长住宿天数

如果游客因个人原因要求增加住宿天数，若原饭店有空房，可满足要求；若原饭店没有空房，协助安排其他饭店。延长期间房费自理。

5. 要求购买房内物品

与饭店联系，尽量满足游客要求。

（三）交通方面个别要求的处理

1. 要求更换交通工具类型

除非在自然灾害、误车（机、船）等特殊情况下，一般都不能答应更换。

2. 要求提高交通工具等级

与接待社计调部门联系，若有所要求等级的舱位、座位可帮忙更换，但差价及相关费用自理。

3. 要求单独提供交通服务

这种情况可能是因为某些游客想自由活动、单独返回购物等原因暂时脱离团队分头行动。导游在保证安全、不影响行程的前提下，可与接待社计调部门联系交通工具或联系出租车等满足其要求。

（四）游览方面个别要求的处理

1. 要求去不对外开放的地方游览

应婉言拒绝，提醒对方尊重景区方面的有关规定。

2. 要求更换或取消游览项目

凡是计划内的游览项目，导游一般应该不折不扣地按计划进行。若是全团统一提出更换游览项目，则需请示接待社计调部门，请其与组团社联系，同意后方可更换；若是个别游客提出更换游览项目，地陪应向游客耐心解释，不能随意更换。

3. 要求增加游览项目

在时间允许的情况下，导游应请示接待社并积极协助。与接待社有关部门联系，请其报价，将接待社的对外报价报给游客，若游客认可，地陪则陪同前往，并将游客交付的费用上交接待社，将收据交给游客。

（五）购物方面个别要求的处理

1. 要求单独外出购物

游客要求单独外出购物，导游要予以协助，当好购物参谋，可以推荐商家，帮助叫车，告知挑选商品的方法和技巧等。同时要做好必要的安全提醒，把自己的手机号码告诉游客以便联系。只是在旅游团快离开本地时，要劝阻游客单独外出购物。

2. 要求退换商品

游客购物后发现是残次品、赝品、计价有误或对所购商品不满意，要求导游帮其退换时，导游应积极协助，必要时陪同前往。

3. 要求再去商店购买相中的商品

游客在某家商店相中某一（贵重）商品，当时犹豫不决，回饭店后下决心购买，要求导游协助。一般情况下，只要时间许可，导游可写个便条（便条上写商品名称，请售货员协助之类的话）让其乘出租车前往商店购买，必要时也可陪同前往。

4. 要求购买古玩或仿古艺术品

游客希望购买古玩或仿古艺术品，导游应带其到正规的文物商店购买。买妥物品后要提醒游客索要并保存好发票，同时不要将商品上的火漆印（如有的话）去掉，以便海关查验。游客如果要在地摊上选购古玩，导游应劝阻。对于入境游客，要特别告知中国海关对于文物出境的规定。如果发现个别游客有走私文物嫌疑的话，导游应进行劝阻并指出其后果的严重性；劝阻无效时，应及时报告有关部门。

5. 要求购买中药及中药材

游客要求购买中药及中药材时，导游应向其推荐正规的药店或药材市场，以避免买到假药，上当受骗。对于入境游客，导游还应告知中国海关对于中药出境的有关规定。

6. 要求代为托运

游客购买大件商品后，要求导游帮忙托运，导游可告知商店一般经营托运业务，若商店无托运业务，导游要协助游客办理托运手续。游客委托导游事后代购并托运当时断货的商品时，原则上导游应予以婉拒，因为游客所见商品与到手商品万一有出入，退货和调换都非常麻烦。如果游客实在希望代办购买和托运，可以建议游客直接委托商店代为办理。

（六）娱乐方面个别要求的处理

1. 要求调换计划内的文娱活动

计划内的文娱活动一般在旅游协议书中有明确规定，若无具体规定，导游最好事先与全体游客协商安排。一般情况下，旅行社安排的计划内文娱活动不可更改和取消，即便游客因故不去，也不能退还综合服务费。因此，作为导游来说，应该积极宣传、鼓励游客参加计划内的文娱活动。

2. 增加计划外的文娱活动（自费文娱节目）

如果旅游团中有部分游客要求放弃计划内活动，而参加其他活动，导游可以提供力所能及的帮助，如在顺路的情况下，可搭载游客，为其联系预订、叫车等。同时要尽到安全提示的责任，请游客记清住宿饭店的名称和导游的联系方式。游客参加计划外的文娱活动时，导游一般不陪同前往。

3. 要求去不健康的娱乐场所

如果游客要求导游推荐或要求去不健康的娱乐场所，导游应当态度明确地予以劝阻。

（七）其他方面个别要求的处理

1. 游客要求自由活动——暂时不随团活动

导游应在确保全团行程不受影响和安全的前提下，针对不同的游客，根据不同的情况，采取不同的应对措施。

（1）游客在某地游览期间要求不随团行动而自由活动。

确认游客身体健康，具有较好的行为能力；了解其活动内容，保证从事合法、正当、安全的活动；游客离团前，要让其签好离团责任书，注明游客离团的原因、离团时间、离团地点，以及离团期间的安全责任归属等内容，以规避游客离团期间旅行社的责任；予以必要的协助，如联系出租车、写便条、给电话号码、给予必要的安全提醒等；告知当天团队活动安排，如团队用餐的地点和时间、团队回酒店的大致时间等，便于自由活动的游客及时归队；团队当天行程结束回到酒店后，导游要与该游客取得联系，关心其行踪。

（2）游客在某地游览期间提出探亲访友的要求时，导游要尽量予以协助，满足其愿望。

（3）游客在某一景点游览期间要求不随团游览而自由活动。

如果导游同意其要求，则要明确告知集合时间和集合地点，并将自己的手机号码告诉对方，同时进行必要的安全提醒。景点游览结束前，要及时与该游客取得联系，促其按时归队。

（4）游客要求晚上离开酒店外出自由活动时，导游应在提醒安全注意事项的前提下，尽量提供协助。可以请游客记清酒店名称、电话，以及导游的手机号码以备联络。

2. 在旅游过程中，如遇以下情况，导游则应该劝阻游客离团自由活动

（1）旅游团按计划前往下一站目的地的当天，不宜同意游客离团，以免造成误车（机、

船）事故，影响全团正常的行程。

（2）游客要求去治安复杂或存在安全隐患的地方自由活动时，导游应尽量劝阻并如实说明情况。

（3）在游客身体状况不佳，行为能力不强的情况下，导游要尽量劝阻其离团，以免发生不测。

（4）游客要求参加划船或游泳等危险性项目。

（5）游客要求前往不对外开放的地区参观。

3. 游客中途退团的处理

（1）游客因特殊原因，比如突然患病、家中出事或工作原因等情况要求离团、提前终止旅游活动时，导游应立即向组团社和地接社进行通报并协助游客订购返程机票，联系用车。如果是团队入境游客，还需协助其办理签证分离等相关手续。游客提前返回的所有相关费用均由游客自理，其未享受的合同内容，待旅游团的旅游活动结束后由游客本人到报名参团的旅行社按照协议规定办理。如因病逗留境内应主动关心，继续给予协助。

（2）游客如无特殊原因提出中途退团，要求提前终止行程，导游要配合领队了解情况，尽量做好劝说工作。如果游客坚持己见，要求提前结束旅游活动，属游客单方面终止旅游合同，由其承担全部责任和后果。当然，如果游客提出要求并决定离团，导游可以提供订票、联系用车等协助，费用则由游客本人自理。如仍逗留境内应主动关心，并给予必要协助。

4. 要求转递物品的应对

对于游客要求转递物品，尤其是食品和贵重物品的要求，导游一般情况下应予以婉拒。特殊情况无法拒绝时，务必当面核实需转递的物品为何物，同时应请委托者写好委托书，注明收件人姓名、详细地址、联系电话，以及物品名称和数量并当面点清，签字并留下详细通信地址。导游任务结束后，导游要尽快将物品转交给收件人，并请收件人书面签收。请收件人签字盖章的同时务必签署收件日期。事毕，导游要将委托书和收条一并交旅行社保管。

5. 要求亲友随团活动的应对

有的游客到某地后，希望当地的亲友随团活动，甚至随团一起到外地旅行游览。当游客向导游提出此类要求时，导游首先应详细了解情况，如参团人与团中某游客的关系、参团人的身份、随团活动的时间和内容等。如果参团人是媒体记者或外交官员，要及时通报旅行社。然后要征得领队和团中其他游客的同意，在没有异议的情况下，将此事向旅行社进行汇报，按照旅行社的指示收取参团费用。如果只是在当地随团活动，导游只需联系当地地接社，如果要随团到外地，则应通报组团社。

6. 要求延长境内逗留（旅游）的处理

游客由于某种原因中途退团，但本人继续在当地逗留需延长旅游期，办理延长签证手续，导游可以协助其重新订妥航班、机票或火车票、饭店等，并向其讲明所需费用自理。离团后的一切费用均由游客自理。

 任务实施

安徽某旅行团一行28人于6月15日抵达承德，在承德五天四晚的游览过程中游客可能会提出各种各样的个别要求，作为导游应该如何处理游客的特殊要求，以使游客满意，从而保证旅途的顺利进行？本次实训将模拟真实场景，让导游学员通过实际操作来处理游客的个别要求。

一、任务内容描述

	实训任务一	实训任务二	实训任务三
任务名称	特殊饮食要求	特殊住宿要求	娱乐活动个别要求处理
模拟场景	游客因为宗教信仰或健康问题提出特殊饮食要求	游客因个人原因要求调整住宿房间类型	游客因为不同的兴趣、年龄、文化背景等因素提出各种个别娱乐要求
任务描述	导游需要核实游客的饮食限制，与餐厅协调确保提供合适的餐食，同时向游客解释可能存在的限制	导游需要评估游客要求调整的原因，与酒店协调确保提供合适的房间类型或者替代方案，确保游客顺利入住	导游需要耐心倾听并确认游客的具体需求，根据团队的娱乐活动安排、目的地资源、时间等因素，评估满足游客个别要求的可行性
实训目标	培养导游对特殊饮食要求的敏感性和解决问题的能力	确保游客的特殊住宿要求得到合理、满意的安排，同时维护团队的整体利益和行程的顺畅进行	培养导游的沟通协调能力，提升游客的满意度和整体旅游体验

二、任务实施步骤

（1）学员分组，每小组通过抽签选出两个场景模拟任务。

（2）学员在组内讨论并确定处理策略。

（3）每组选出一名代表，模拟导游角色，其他学员扮演游客或相关服务人员。

（4）进行角色扮演，实际操作处理游客的个别要求。

（5）每组结束后，进行自我评价和小组互评，导师提供反馈和建议。

任务实训

　　游客个别要求处理实训任务可以使导游更好地掌握处理游客个别要求的策略和流程，提高服务质量。通过实训模拟操作培养学生的灵活应变、有效沟通的能力，提高其对游客个性化需求的满足度。请完成案例分析，再进行小组讨论，总结出本小组最佳解决办法。

【案例1】

> 　　安徽某旅行团一行人抵达承德后准备用餐，这时候旅游团中的游客王姐向导游小王提出了自行点菜的要求，游客李叔叔说医嘱禁止食盐。面对大家提出的特别要求，如果你是导游小王，你会怎么处理？请对此进行分析。

_____

_____

_____

_____

【案例2】

> 　　安徽某旅行团一行人抵达承德办理完入住后，游客王某提出换住更高档的饭店的要求，游客李某遇到同住的人睡觉打鼾，也要求换房。面对大家提出的特别要求，如果你是导游小王，你会怎么处理？请对此进行分析。

_____

_____

_____

_____

【案例3】

> 　　安徽某旅行图17日早上到达承德市某景点，按计划上午参观景点，下午自由活动，19：00观看文艺演出。抵达当天，适逢当地举行民族节庆活动，并有篝火歌舞晚会等丰富多彩的文艺节目。部分团员提出，下午想去观赏民族节庆活动，并放弃观看晚上的文艺演出，同时希望导游能派车接送。
>
> 　　针对此种情况，如果你是导游小王，应怎样处理？应做好哪些工作？

_____

_____

_____

_____

任务评价

学生自评

主要内容	自我评价	
	我学会了	我的问题
餐饮要求		
住宿要求		
交通要求		
娱乐活动要求		
购物要求		
要求自由活动		
要求转递物品		
要求提前退团		
7S 素养体现情况		

教师评价

任务名称	考核项目	考核内容	评分		备注
			分值	得分	
个别要求处理	知识准备	认真学习教材，预习新知识	10		
	教学过程	积极参与训练任务，按接待流程制订接待计划，在教学中学习专业技能和相关知识	20		
	训练任务	独立完成训练任务，填写接待行程单	30		
	学习主动性	积极承担学习相关工作任务，实训中主动学习相关专业知识	10		
	7S 素养	遵守实训室及相关场地规章制度，穿着统一服装，按要求进行实训，具备环保意识和良好的行为习惯，保持实训室及相关场地卫生	10		
	纪律性	遵守学习纪律，不迟到、早退，不做与教学无关的事情	20		
总评			100		
评价人签名：			_____年___月___日		

任务二　突发事件处理

任务描述

　　在旅游过程中可能会遇到阻碍旅游活动正常进行并有可能造成损害的倾向、问题和事故，如日程变更、行李丢失、财物被盗、游客患病、交通事故等。各种突发事件可能涉及游客的安全、健康、行程变动等。导游作为团队的领导者和协调者，在突发事件发生时，需要迅速、冷静、专业地做出反应，确保游客的安全和满意度。这是对导游应变能力的一个考验，也是保证旅游服务质量的重要条件之一。本任务主要训练导游对突发事件的处理。

任务导入

　　上海某旅行团一行20人于7月10日前往承德某山区进行徒步旅行，当大家行进至半山腰时，突然遭遇大雾天气，能见度极低，部分游客开始出现恐慌情绪，同时有游客不慎滑倒受伤。

　　面对突发的恶劣天气及游客们的不同反应，导游应该怎样处理，才能展现其良好的专业素质和处理突发事件的能力，既能保证游客的人身安全又能保证游览行程顺利进行？

学习地点

　　模拟导游实训室、室外实训场。

<<< **ZHISHI ZHUNBEI**
>>> **知识准备**

一、活动计划和日程变更

（一）因客观原因、不可预料的因素（天气、自然灾害、交通问题）引起三种变更

　　（1）缩短或取消在某地的游览时间。

（2）延长旅游时间。

（3）逗留时间不变，但改变部分旅游计划。

（二）一般应变措施

制订应变计划并报旅行社（对问题的性质、严重性和后果做出正确判断，分析游客可能出现的心理状态和情绪）；做好游客工作；适当给予物质补偿。

二、漏接、空接、错接

（一）漏接

漏接是指旅游团抵达一站后，无导游迎接的现象。原因主要包括未按预定的时间抵达，接站地点错，计划已变更，新旧时刻表差异，举牌接站的地方选择不当，司机迟到，交通堵塞，游客转其他方式到达。

（二）空接

空接是指由于某种原因旅游团推迟抵达某站，导游仍按原计划规定的班次或车次接站而没有接到旅游团。原因主要包括特殊天气、班次变更、未将变更通知接站人员、游客因特殊原因临时变更。

（三）错接

错接是指导游未认真核实，接了不应该由他接的旅游团，属责任事故。

出现漏接、空接、错接等现象要立即与旅行社有关部门联系以查明原因，向游客进行耐心细致的解释，以防引起误解，此外，尽量采取弥补措施，努力完成接待计划，将游客的损失降到最低程度。必要时，请旅行社领导出面赔礼道歉或酌情给游客一定的物质补偿。

三、误机（车、船）事故

（1）误机（车、船）事故是指由于某些原因或旅行社有关人员工作的失误，旅游团没有按原定航班（车次、船次）离开本站而导致暂时滞留，属重大事故。

（2）原因主要包括非责任事故，游客自身原因，受伤、重病、走失、交通事故等；责任事故，没核实票据，班次变更但没有通知游客，安排行程不当，没有提前到。

（3）处理程序：应立即向领导及有关部门汇报；地陪和旅行社尽快与机场（车站、码头）联系，争取让游客乘最近班次离开，或改乘其他工具；稳定旅游团情绪，安排好食宿；及时通知下站，调整日程；赔礼道歉；写出事故报告，查清事故的原因和责任，承担损失并接受处分。

四、丢失证件、行李、财物

（一）预防工作

多做提醒工作；提醒游客保管好自己的证件；切实做好每次行李清点、交接工作；下车后要提醒司机清车、关窗并锁好车门。

（二）处理

冷静回忆，详细了解丢失情况，尽量协助寻找；确定丢失，报组团社或接待社；根据组团社或接待社安排，协助游客向有关部门报失，补办手续；要稳定情绪，详细了解，分析丢失的经历，帮助寻找。

（三）证件丢失

证件丢失的处理方法见表3-2-1。

表 3-2-1　证件丢失的处理方法

丢失证件	处理方法
外国护照、签证	旅行社出具证明—本人持照片—当地公安局（入境管理处）报失（证明）—所在国驻华使馆申请补办护照—公安局办理签证
中国护照、签证	旅行社出具证明—当地警察机构报失（证明）—持照片及护照资料到我国驻该国使馆办理护照—所在国移民局办理签证
港澳居民来往内地通行证	旅行社出具证明—当地公安局报失（证明）—签发一次性有效的出境通行证
台湾居民来往大陆通行证	旅行社出具证明—当地公安局报失（证明）—签发一次性有效的出境通行证
身份证	旅行社出具证明—公安局报失—发给身份证明—机场核准放行

（四）行李、财物丢失

行李、财物的处理方法见表3-2-2。

表 3-2-2　行李、财物的处理方法

丢失证件	行李、财物问题的处理
丢失财物	了解状况—积极寻找—出具证明—报案并提供线索—安慰失主
来华途中丢失行李	办理丢失手续，说明特征—询问寻找情况—帮助留下地址—帮助其索赔—帮助失主解决困难—安抚情绪
在中国境内丢失行李	冷静、找出错误—表示歉意—帮助其解决困难—询问查找进展—及时归还—道歉—帮助索赔—书面报告

（五）游客遭受欺诈的处理

做好提醒工作；讲清购物注意事项；介绍本地商品特色；当好游客参谋，维护游客的利益；协助游客托运；不得安排过多次数的购物或强迫游客购物。

五、游客走失

（1）原因：导游没有讲清楚停车位置或景点的旅游路线；游客没有随队而走失；游客自由活动或购物没有记清地址和路线。

（2）预防：多做提醒；做好各项安排的预报；随时清点人数；密切配合工作。

（3）处理：了解情况，迅速寻找（全陪、领队分头找，地陪继续游览）；向有关部门报告；与饭店联系；向旅行社汇报；做好善后工作；写出书面事故报告。

六、游客患病、死亡的处理

（一）一般疾病

对于患一般疾病的游客，导游应劝其及早就医并多休息，关心游客的病情；向游客讲清看病费用自理；严禁导游擅自给患者用药。

1. 晕车、晕船

在游览前，事先通知游客服晕车药；少进食；尽量坐在车的前部，靠车窗的位置；若已发生晕车，让患者勒紧裤带，防止内脏震动加重病情；同时与司机联系，求得他的协助。

2. 中暑

症状：大汗、头昏、耳鸣、眼花、呕吐、发烧等，严重者会神志不清甚至昏迷。

特点：长时间处在暴晒、高热、高湿热环境中易中暑。盛夏旅游，带团注意劳逸结合；若有人中暑，可置患者于阴凉通风处，平躺，解开衣领，放松裤带；饮用含盐饮料；缓解后让其静坐（卧）休息。

3. 食物中毒

症状：上吐下泻。

特点：起病急、发病快、潜伏期短，若救治不及时，会有生命危险。发现食物中毒后，可设法催吐，让游客多喝水以缓解毒性；一般都由饮食不卫生引起，导游应带领游客在定点餐馆用餐并监督其卫生状况；提醒游客不要食用小摊上的食品。

4. 蝎、蜂蜇伤，毒蛇咬伤

设法将毒刺拔出，吸出毒汁，然后用肥皂水洗敷伤口。可在毒蛇咬伤处上方5~10厘米处用一条带子绑住，用肥皂和水清洗伤处或用消毒过的刀片在毒牙痕处切一道切口，然后用嘴将毒液吸出吐掉。

5. 突发性疾病

（1）哮喘发作。

①尽可能使患者脱离过敏环境，缓解病情。

②让患者面朝椅背坐下，俯身置双臂于椅背上，打开门窗，解开患者领口，放松其紧身衣服，清除其口鼻分泌物；使用患者可能随身携带的哮喘雾化吸入器，必要时增加吸药次数。

③如患者神志不清，应快速将其送医院救治，切记不要背着患者去，以免压迫其胸腔而限制呼吸。

（2）心绞痛、心肌梗死急救。

①当突然出现胸部剧烈疼痛或憋闷时，患者应马上调整体位，采取平卧或半卧位，保持比较缓和的姿势，并保持安静。

②当确认是心脏病发作时，抢救者应立即拨打急救电话，并保持患者呼吸道畅通，可使用硝酸甘油 1 片，舌下含服；10 分钟后如仍不缓解，可再含 1 片。如果患者无呼吸脉搏及心跳，应施以心肺复苏法。

③等待过程中应持续监测患者的呼吸与脉搏。无论何种心脏病均应尽快将病人送至医院做进一步治疗。

（3）昏厥。

①让病人躺下，取头低脚高姿势的卧位，解开衣领和腰带，注意保暖和安静。

②检查病人有无摔伤，可以刺激人中穴、内关穴，使其尽快恢复意识；若患者已有意识，应让其卧姿躺下，充分休息至症状减缓。若因大出血或心脏病出现昏厥，应尽快送医院医治。

（4）抽搐。

①用手帕裹在筷子或小勺上，塞在病人牙齿之间，以防其咬破舌头。如果牙齿咬得很紧，可把筷子从病人两旁牙缝中插入，并保持呼吸道畅通。解开病人领口，放松裤带，让病人平卧，头侧向一侧，以防呕吐物被吸入呼吸道而引起窒息。针刺人中穴或用手指重按人中穴。

②病人因高热而抽搐时，应将其移至清凉处解开衣服，将用冷水浸湿的毛巾置于病人额部、腋窝及腹股沟大血管处。必要时，应送医院治疗。

（5）触电。

①如触电者受伤不严重，神志尚清醒，只是四肢发麻、全身无力，或虽曾一度昏迷，但未失去知觉，应使之就地安静休息 1~2 小时，并严密观察。

②如触电者受伤较严重，无知觉，无呼吸，但心脏有跳动，应立即进行人工呼吸。如有呼吸，但心脏停止跳动，则应采用胸外心脏按压法。

③如触电者受伤很严重，心跳和呼吸都已停止，瞳孔放大，失去知觉，则须同时采取人工呼吸和胸外心脏按压两种方法。做人工呼吸和胸外按压要有耐心，并坚持抢救，直到把人救活，或至确诊已经死亡时为止。在送医院抢救途中，不应中断急救工作。

（6）坠落。

①清除周围松动的物件和其他尖锐物品以免造成进一步伤害。去除伤员身上的用具和口

袋中的硬物。对创伤局部妥善包扎，但对疑似颅底骨折和脑脊液外漏的受伤人员切忌做填塞，以免导致颅内感染。

②在现场无任何危险、急救人员能尽快到场的情况下，尽量不要转运受伤者。如现场比较危险，应及时转运受伤者。在搬运和转送过程中，颈部和躯干不能前屈或扭转，并应使脊柱伸直，绝对禁止一个抬肩一个抬腿的搬法，以免造成或加重截瘫。

6. 中风

（1）保持安静，避免不必要的体位改变或移动。若病人坐在地上尚未倒伏，可搬来椅子将其支撑住，或直接上前将其扶住。若病人已完全倒地，可将其缓缓拨正到仰卧位，同时小心地将其头偏向一侧，以防呕吐物误入气管产生窒息。

（2）若患者神志不清，特别需要注意其呼吸是否平顺。若病人鼾声明显，提示其气道被下坠的舌根堵住，此时应抬起病人下颌，使之呈仰头姿势，同时去除呕吐物。

（3）尽快将病人送医院治疗，并及时告知医生有关发病的具体时间、症状、意识情况等信息。

（二）重病

（1）就地急救。此急救只是应急处理，严重者必须送医院或请医生救治；导游急救过程中必须有领队或其他游客在场，自备药物一般不给游客服用。

（2）迅速就医。请领队、患者亲属随行、签字；提醒领队通知患者家属，向旅行社反映情况，照顾其他游客。导游之间应协商一致，分头处理伤病游客和其他游客。不要因为对受伤游客的救治耽误了大多数人的正常行程。

（3）办理善后事宜。

游客患病不能随团离境时，要不时去医院探望游客，并帮助办理善后事宜。患病及后续费用由游客自理，未享受的旅行费用待旅行社之间结算后，再退还游客。

（三）游客伤亡事故的处理

立即向当地接待社报告，按当地接待社领导的指示做好善后工作，同时稳定其他游客的情绪。通常包括以下工作内容。

（1）通知家属，提醒领队或经由外事部门通知领事馆。

（2）详细报告抢救经过，写出抢救经过、死亡诊断证明书，由主治医师签字盖章后复印，分交家属、领队和旅行社。

（3）不解剖。

（4）清点遗物。

（5）由该领队宣布死者抢救过程。

（6）就地火化，由死者亲属或领队写出火化申请。

（7）运回国。

（8）检疫机关发布证明。

七、安全事故

凡涉及游客人身、财产安全的事故均为旅游安全事故，主要包括交通事故、治安事故、火灾事故、拥挤、踩踏事故等。

（一）交通事故处理

一旦发生交通事故，只要导游没有受重伤，神志还清醒，就应立即采取措施，冷静、果断地进行处理并做好善后工作。

（1）立即组织抢救。发生交通事故，应立即组织抢救，呼叫救护车或拦车护送重伤员去附近医院。

（2）保护现场。发生事故，可能时要指定专人保护现场，避免在慌乱中破坏现场。

（3）立即报告。立即拨打122报警；报告旅行社，通报事故情况，请求派人处理事故，派车来接未受伤和轻伤者或回饭店或继续游览。

（4）做好安抚工作。安抚游客，提供热情周到的服务，力争旅游活动得以继续进行。

（5）做好善后工作。在旅行社领导下，妥善处理善后事宜；事故查清后，告诉领队，由其向全团通报事故原因、对死亡人员的抢救、处理经过等。

（6）写出书面报告。书面报告处理方式，包括立即组织抢救；保护现场，立即报案；迅速向旅行社汇报；做好全团游客的安抚工作。

（二）治安事故处理

一旦发生了治安事故，导游绝不能置身事外，而要全力保护游客的人身、财物安全。

（1）保护游客的安全。遇到歹徒骚扰、行凶、抢劫，导游要临危不惧，绝不能临阵脱逃，可能时将游客转移到安全地点；导游要勇敢，但不能鲁莽行事，要防备歹徒的凶器，要保护游客的安全，也要保护好自己。

（2）组织抢救。若游客受伤，应立即做好必要的伤口处理，尽快送往附近医院；尽可能保护现场。

（3）立即报警。立即拨打110报警，公安人员赶到后，导游要积极配合、协助侦查。

（4）报告接待旅行社。将案情报告接待社领导，情况严重时，请领导到现场指挥处理。

（5）妥善处理。治安事故发生后，导游要设法稳定游客的情绪，如果后果不是很严重，就应设法继续进行旅游活动；在领导指导下准备好必要证明及相关资料，处理好种种善后事宜；注意破案情况，一有结果，经领队向全团通报。

（6）书面报告。写出翔实的书面报告。对游客的重要反映，力争用原话并注明反映者的身份。

（三）火灾事故处理

1. 饭店失火时的应急措施

（1）迅速通知游客撤离。导游获悉饭店失火，要立即报警，采取一切可行的措施通知领队和全团游客。

（2）有序疏散。火灾逃生时，要轻装、快速、有序，避免摔倒，不盲目跳楼。

（3）集中游客。导游撤至安全地带，就要寻找本团游客，让大家聚集在一起。若发现有人失踪，应组织人力尽快寻找；若发现有人受伤，应及时救治。

2. 设法自救

发现火灾已晚，无法逃离火灾现场时，游客要设法自救。

（1）用湿毛巾捂住口鼻，趴在墙根，爬行穿越浓烟，爬到烟少的地方，避免被烟气熏呛烧伤或窒息，可能时打开窗户。

（2）大火封门时，或泼水降温，或用浸湿的衣被封堵塞严，越严实越好。

（3）房内有明火时，或泼水灭火，或用浸湿的被褥包住身体保护自己，等待救援。

（4）若身上着火，可能时就地打滚，或用浸湿的衣被压灭火苗。

（5）消防队员到来后，要一面高声喊叫，一面挥舞色彩鲜艳的衣物，争取救援。

3. 报告旅行社

4. 正确处理善后事宜

5. 翔实的书面报告

（四）拥挤、踩踏事故处理

（1）要保持冷静，提高警惕，不要受周围环境影响。

（2）服从指挥，有序撤离。

（3）发觉拥挤的人群向自己行走的方向来时，应立即避到一旁，切记不要逆着人流前进。

（4）陷入拥挤的人流时，要远离店铺、柜台的玻璃或者其他危险物。

（5）若被人群挤倒，则设法靠近墙角，身体蜷成球状，双手在颈后紧扣以保护身体。

（6）如果带着孩子，要尽快把孩子抱起来；如果可能，要抓住身边坚固牢靠的东西。

（五）游客骨折事件处理

（1）了解伤情。尽量减少对伤员的搬动，以免加重损伤和增加伤者痛苦。

（2）伤口处理。对开放性骨折伤口，最好用无菌敷料包扎伤口，若现场无无菌敷料，可用认为最清洁的布类包扎。骨折断端外露者，不能现场复位，以免造成伤口内的污染。

（3）骨折固定。固定要简单易行，可用木板、竹片或杉树皮等，削成长宽合度的小夹板。固定骨折时，小平板与皮肤之间要垫些棉花类东西，用绷带或布条固定在小夹板上更好，以防损伤皮肉。

（4）立即送往医院。伤口经简单处理后，应立即送往医院救治。

（六）溺水事件处理

1. 清除水、泥及污物

将溺水者抬出水面后，应立即清除其口腔、鼻腔内的水、泥及污物，用纱布（手帕）裹着手指将溺水者舌头拉出口外，解开衣扣、领口，以保持呼吸道通畅，然后抱起溺水者的腰腹部，使其背朝上、头下垂进行倒水；或抱起溺水者双腿，将其腹部放于急救者肩上，快步奔跑使积水倒出；或急救者取半跪位，将溺水者的腹部放在急救者腿上，使其头部下垂，并用手平压背部进行倒水。

2. 人工呼吸

对呼吸停止者应立即进行人工呼吸，一般以口对口吹气为最佳。急救者位于溺水者一侧，托起溺水者下颌，捏住溺水者鼻孔，深吸一口气后，往溺水者嘴里缓缓吹气，待其胸廓稍有抬起时，放松其鼻孔，并用一手压其胸部以助呼气。反复并有节律地（对于成年人每分钟吹 12 次左右，儿童 15 次左右）进行，直至恢复呼吸为止。

3. 胸外按压

心脏停止者应先进行胸外心脏按压。让溺水者仰卧，背部垫一块硬板，头稍后仰。急救者位于溺水者一侧，面对溺水者，右手掌平放在其胸骨下段，左手放在右手背上，借急救者身体力量缓缓用力，不能用力太猛，以防骨折，将胸骨压下 4 厘米左右，然后松手腕（手不离开胸骨）使胸骨复原，反复有节律地（每分钟 100~120 次）进行，直到恢复心跳为止。

（七）地震事件处理

（1）室内遇险，应就地躲避。躲在桌、床等结实的家具下，尽量躲在小的空间内，例如，卫生间、厨房或内墙角；可能时，初震后迅速撤至室外。

（2）室外遇险，切忌乱跑乱挤，不要扎堆，避开人多的地方；远离高大建筑物、窄小胡同、高压线；注意保护头部，防止砸伤。旅游团在游览时遇到地震，导游应迅速引领游客撤离建筑物、假山，集中在空旷开阔地域。

 任务实施

上海某旅行团一行 20 人于 7 月 8 日抵达承德，开始为期四天的游览。7 月 9 日上午前往承德某山区进行徒步旅行，当大家行进至半山腰时，突然遭遇大雾天气，能见度极低，部分游客开始出现恐慌情绪，同时有游客不慎滑倒受伤。面对突发的恶劣天气及游客们的不同反应，导游应该怎样处理，才能保证游客的人身安全和行程的顺利进行？本次实训将模拟真实场景，让导游学员通过实际操作来亲自处理突发事件。

一、任务内容描述

项目	实训任务一	实训任务二	实训任务三
任务名称	突发恶劣天气	游客疾病发作	游客受伤
模拟场景	游客徒步至半山腰，突遇大雾天气，游客出现恐慌	有高血压、心脏病、哮喘等基础疾病的游客病情发作	游客情绪恐慌，现场慌乱，有游客不慎滑倒、摔伤、骨折
任务描述	导游应立即评估天气情况和游客的安全状况，根据天气情况和地形特点，迅速决定撤离路线，并组织游客有序撤离到安全地带。导游应正确使用携带的应急设备，如急救包、手电筒、口哨等，以帮助在恶劣天气中导航和发出求救信号	导游需要保持冷静，应立即评估患者的病情严重程度，并判断是否需要立即就医。安抚患者和团队其他成员的情绪，避免引起恐慌。根据提醒，指导患者正确使用随身携带推荐的急救药品	对于滑倒、摔伤的游客，导游应进行初步的急救处理，如止血、固定疑似骨折部位等，不要随意移动受伤部位，并尽快联系专业医疗救援。确保其他游客处于安全位置，避免因混乱造成的额外伤害
实训目标	考查导游应急处理能力、决策能力和环境适应能力	考查导游心理承受能力、问题解决能力和客户服务意识	考查导游一定的医疗急救知识，培养导游的沟通协调能力

二、任务实施步骤

1. 学员分组，每小组自主讨论设计场景，结合承德旅游实际情况设计完成该旅游团接下来的行程，模拟训练任务。

2. 每组选出一名代表，模拟导游角色，其他学员扮演游客或相关服务人员。

3. 进行角色扮演，实际操作处理游览过程中的突发事件。

4. 每组结束后，进行自我评价和小组互评，导师提供反馈和建议。

📷 任务实训

旅游过程中对突发事件的处理需要导游增强其安全意识及应急处理能力。通过实训模拟操作培养学生的快速反应能力、协调沟通能力、组织能力及心理承受能力。通过专业、及时、周到的服务，导游可以在很大程度上减轻突发事件对游客的影响，提升旅游服务的质量和游客的满意度。请完成案例分析，再进行小组讨论，总结出本小组最佳解决办法。

【案例1】

　　一旅游团在某名山游览，其中一位游客在登山时不慎摔伤，左手臂骨折、流血，疼痛不止。此时，地陪马上将随身携带的治疗跌打的内服药取出，让受伤游客服用。随后，地陪让全陪和另一位团员将受伤者送往医院治疗，自己则带团继续活动。

　　请指出地陪这样做的不妥之处，并写出正确的处理措施。

_____

_____

_____

_____

【案例2】

　　来自深圳的游客杨先生游览完天子山景区南天门景点后，在徒步返回途中，因过度疲劳，且当天温度较高，突发心脏病，意识不清，不能动弹。请分析：

　　（1）老人在途中心脏病复发，导游应采取哪些措施？

　　（2）在医院抢救过程中，地陪应做哪些工作？

_____

_____

_____

_____

【案例3】

　　某陕西导游带团去华东"五市"（即南京、上海、杭州、苏州和无锡）旅游，团队共有72人，其中有22个孩子，规模是比较大的。当到达第三站杭州准备外出游览时，发生了意想不到的事情。游客中有一位60多岁的老人突然发病，送医院检查诊断是癌症晚期，随时都有死亡的可能，医院要求通知其家属。面对这突如其来的变故，如果你是导游小王，会怎么做？

_____

_____

_____

_____

_____

任务评价

学生自评

主要内容	自我评价	
	我学会了	我的问题
活动计划和日程变更		
漏接、空接、错接		
误机（车、船）事故		
丢失证件、行李、财物		
游客走失		
游客患病、死亡处理		
安全事故		
7S 素养体现情况		

教师评价

任务名称	考核项目	考核内容	评分		备注
			分值	得分	
突发事件处理	知识准备	认真学习教材，预习新知识	10		
	教学过程	积极参与训练任务，按接待流程制订接待计划，在教学中学习专业技能和相关知识	20		
	训练任务	独立完成训练任务，填写接待行程单	30		
	学习主动性	积极承担学习相关工作任务，实训中主动学习相关专业知识	10		
	7S 素养	遵守实训室及相关场地规章制度，穿着统一服装，按要求进行实训，具备环保意识和良好的行为习惯，保持实训室及相关场地卫生	10		
	纪律性	遵守学习纪律，不迟到、早退，不做与教学无关的事情	20		
总评			100		
评价人签名：			_____年___月___日		

训练四

特殊团队导游技能训练

素养目标 →

1. 培养学生对导游职业岗位的认同感，提高学生的职业道德水平；

2. 通过课程学习，培养学生的知识探究能力、团结协作能力和创新意识；

3. 启发学生对中国传统文化的认同和尊重，提高学生在文学、历史、地理等方面的素养，培养学生的审美能力和文化素养。

知识目标 →

1. 掌握研学旅游团队的特点与导游服务的标准和技巧，了解研学旅游团队的典型出游线路产品，为有针对性的服务打下基础；

2. 掌握银发旅游团队的特点与导游服务的标准和技巧，了解银发旅游团队的典型出游线路产品，为有针对性的服务打下基础；

3. 掌握政务旅游团队的特点与导游服务的标准和技巧，了解政务旅游团队的典型出游线路产品，为有针对性的服务打下基础；

4. 掌握商务考察团队的特点与导游服务的标准和技巧，了解商务考察团队的典型出游线路产品，为有针对性的服务打下基础；

5. 掌握定制团队的特点与导游服务的标准和技巧，了解定制团队的典型出游线路产品，为有针对性的服务打下基础。

能力目标 →

1. 能够独立完成研学团队接待工作计划的编写，提供标准化服务；

2. 能够独立完成银发团队接待工作计划的编写，提供标准化服务；

3. 能够独立完成政务团队接待工作计划的编写，提供标准化服务；

4. 能够独立完成商务考察团队接待工作计划的编写，提供标准化服务；

5. 能够独立完成定制团队接待工作计划的编写，提供标准化服务。

任务一　研学团队导游服务

 任务描述

　　旅行社接待业务中的特殊团队一般是指团队的组成人数、团员的职业、年龄结构、行程安排、旅游目的等方面具有非常规团特征的群体。常见的特殊旅游团队包括青少年研学团队、银发团队、政务团队、商务考察团队，以及定制团队等类型。特殊团队的接待要求要比常规团队更细致、更个性，导游在服务中必须注意有针对性地提供服务，尤其强调细心、耐心、精心、责任心。

　　近年来，研学旅行已渐渐成为各地教育旅游市场的一个热点。2016年11月，教育部等11个部门联合出台《关于推进中小学研学旅行的意见》，提出中小学切实开展研学旅行，逐步建立以乡土乡情、县情市情、省情国情为主的研学旅行活动课程体系。

　　目前，我国研学旅行进入了一个快速发展阶段，学校、旅行社、研学培训机构与留学机构之间开始实现跨界的融合。其中，有体验与学习的融合，有文化与旅行的融合，有校内小课堂与河山大课堂的融合，更有行万里路与读万卷书的融合。这种融合，代表了一种教育理念的更新与升级。全社会一起关注"创新、协调、绿色、开放、共享"的发展理念，共同落实立德树人的根本任务，一起合力帮助中小学生了解国情、热爱祖国、开阔眼界、增长知识，着力为提高中小学生的社会责任感、创新精神和实践能力创设更好的平台。

　　在导游带团实践中，小王发现很多家长和孩子对研学旅行很感兴趣。旅行社在下半年的市场拓展中，也将研学旅行市场作为拓展重点。小王需要了解研学旅行团队运作的相关资料。于是，在部门经理的指导下，她详细拟订了下一步的工作（学习）计划：

　　1.收集国际、国内典型研学旅行产品的资料，形成自己的研学资料库；

　　2.了解本地典型研学旅行常规产品的组成。

　　本任务主要针对研学团队的导游工作程序。同学们，让我们一起开启我们研学导游服务的旅程吧！

 任务导入

　　北京某小学研学旅行团一行40人于9月20日由北京乘某高铁在9：25抵达承德南站，入住嘉和国际酒店，承德春秋旅行社派小王进行接待。

　　按照研学导游的服务规范进行分析：

　　1.研学导游的工作程序应该是怎样的？

　　2.写出致该团抵达承德市的简短欢迎词？

　　3.该研学团抵达后，研学导游如何根据出团计划开展相应工作？

学习地点

模拟导游实训室、室外实训场。

一、我国研学旅行的现状

在新时期文旅融合升级的背景下，以"旅行＋教育"为代表的行业跨界创新进一步推动着研学旅行和营地教育等素质教育新模式的发展。2017—2019年间，多个省份相继启动了发展本地研学旅行的工作，广东、安徽、浙江、陕西、山东、湖北等省相继发布关于推进中小学研学旅行的实施意见和通知。

中国旅游研究院发布的《中国研学旅行发展报告》显示，在国民收入不断提高和休闲消费兴起的背景下，随着素质教育理念的深入与人口政策的放开，在自上而下的政策催化下，以及旅游产业跨界融合的浪潮下，研学旅行市场正不断释放活力。在市场迅猛增长的需求驱动下，研学旅行行业内部出现了更为丰富的市场主体；在消费多元化与升级提质需求的驱动下，研学旅行产品的丰富化、标准化、立体化、创新化等方面都存在极大的提升空间。

随着教育观念的不断更新和全球化的发展，研学旅行作为一种新型的教育方式，受到越来越多的家长和学校的关注和支持。研学旅行是指学生在课程指导下，通过实地考察、参观、交流等方式，以提高学生的实践能力、动手能力和创新精神为目的的一种旅行形式。

国内研学旅行已经逐渐形成了自己的特色和发展模式。一方面，研学旅行在中国的发展得益于国内旅游业的快速发展。随着国内旅游市场的不断扩大和旅游产品的不断丰富，研学旅行的选择范围也越来越广泛。学生们可以选择到各种各样的目的地进行研学活动，如历史悠久的文化名城、自然风光的景区、科技创新的城市博物馆或单位等。这为学生提供了更多的机会去感受和了解不同的地域文化和发展状况。

另一方面，研学旅行的发展也离不开教育部门和学校的支持与推动。教育部门和学校在研学旅行的组织和实施中起着重要的作用。他们不仅提供了相应的课程指导和教材，还组织了一系列的研学活动，如实地考察、讲座、讨论等。这些活动不仅能够帮助学生更好地理解和应用所学知识，还能够培养学生的实践能力和创新精神。

研学旅行的发展也面临一些挑战和问题。首先，研学旅行的安全问题是一个需要重视的方面。由于研学旅行涉及学生的出行和住宿等方面，因此必须确保学生的安全。其次，研学旅行的质量问题也需要关注。研学旅行不仅仅是为了带学生去旅游，更重要的是要通过旅行活动来提高学生的实践能力和创新精神。因此，研学旅行的组织者和参与者需要共同努力，确保研学旅行的质量。

　　为了进一步推动研学旅行的发展，我们可以采取一些措施。首先，加强学校和教育部门对研学旅行的支持和指导。学校和教育部门可以制定相应的政策和措施，鼓励学校积极开展研学旅行活动，并提供相应的资源和支持。其次，加强研学旅行的安全管理。学校和组织者应制定相应的安全规范和流程，以确保学生的出行和住宿等方面的安全。最后，加强研学旅行的评估和监督。学校和组织者应建立相应的评估和监督机制，以确保研学旅行的质量。

　　近年来，国内研学旅行取得了长足的发展。它为学生提供了更多的机会去感受和了解不同的地域文化和发展状况，同时也帮助学生提高了实践能力和创新精神。然而，研学旅行的发展也面临一些挑战和问题，我们需要共同努力来解决这些问题，推动研学旅行的健康发展。相信在不久的将来，研学旅行会在国内得到更加广泛的认可和支持。

二、研学旅行的基础知识

（一）研学旅行的概念

　　根据国家旅游局（现文化和旅游部）在 2016 年 12 月 19 日发布，于 2017 年 5 月 1 日实施的《研学旅行服务规范》（LB/T 054—2016）中的表述，研学旅行的定义可以界定为研学旅行是以中小学生为主体对象，以集体旅行生活为载体，以提升学生素质为教学目的，依托旅游吸引物等社会资源，进行体验式教育和研究性学习的一种教育旅游活动。

（二）研学旅行的类型

　　在实施中，研学旅行产品按照资源类型可以分为知识科普型、自然观赏型、体验考察型、励志拓展型、文化康乐型等。

1. 知识科普型

　　主要包括各种类型的博物馆、科技馆、主题展览馆、动物园、植物园、历史文化遗产、工业项目、科研场所等资源。

2. 自然观赏型

　　主要包括山川、江、湖、海、草原、沙漠等自然风景资源。

3. 体验考察型

　　主要包括农庄、实践基地、夏令营营地或团队拓展基地等资源。

4. 励志拓展型

　　主要包括红色教育基地、大学校园、国防教育基地、军营等资源。

5. 文化康乐型

　　主要包括各类主题公园、演艺影视城等资源。

（三）研学旅行产品设计

　　针对不同学段特点和教育目标，设计研学旅行产品：

（1）小学一至三年级参与研学旅行时，宜设计以知识科普型和文化健康类型资源为主的产品，并以乡土乡情研学为主；

（2）小学四至六年级参与研学旅行时，宜设计以知识科普型、自然观赏型和励志拓展型资源为主的产品，并以县情市情研学为主；

（3）初中年级参与研学旅行时，宜设计以知识科普型、体验考察型和励志拓展型资源为主的产品，并以县情市情省情研学为主；

（4）高中年级参与研学旅行时，宜设计以体验考察型和励志拓展型资源为主的产品，并以省情国情研学为主。

（四）研学旅行服务项目

1. 教育服务计划

承办方和主办方应围绕学校的相关教育目标，共同制订研学旅行教育服务计划，明确教育活动的目标和内容，针对不同学龄段学生的教育活动目标和内容提出相应学时要求，其中每天体验教育课程项目或活动时间应不少于 45 分钟。

2. 教育服务项目

教育服务项目可分为以下几点：

健身项目：以培养学生生存能力和适应能力为主要目的的服务项目，如徒步、挑战、露营、拓展、生存与自救训练等。

健手项目：以培养学生自理能力和动手能力为主要目的的服务项目，如综合实践、生活体验训练、内务整理、手工制作等项目。

健脑项目：以培养学生观察能力和学习能力为主要目的的服务项目，如各类参观、游览、讲座、诵读、阅读等。

健心项目：以培养学生的情感能力和践行能力为主要目的的服务项目，如思想品德养成教育活动以及团队游戏、情感互动、才艺展示等。

3. 教育服务流程

教育服务流程宜包括以下方面：在出行前，指导学生做好准备工作，如阅读相关书籍、查阅相关资料、制订学习计划等；在旅行过程中，组织学生参与教育活动项目，指导学生撰写研学日记或调查报告；在旅行结束后，组织学生分享心得体会，如组织征文展示、分享交流会等。

4. 教育服务设施及教材要求

应设计不同学龄段学生使用的研学旅行教材，如研学旅行知识读本，应根据研学旅行教育服务计划，配备相应的辅助设施，如电脑、多媒体、各类体验教育设施或教具等。

（五）研学旅行的特点

研学旅行本质上是学生集体参加的有组织、有计划、有目的的校外参观体验实践活动。

同学们在老师或者研学辅导员的带领下，确定主题，以课程为目标，以动手做、做中学的形式，共同体验，分组活动，相互研讨，书写研学日志等，形成研学总结报告。

目前，研学旅行具有以下三个基本特点：

1. 以中小学生为中心

中小学生是研学旅行的主体和中心，是研学旅行能否成功开展的核心要素。许多国家在进行研学旅行前期设计时，会对研学内容、时间安排、活动距离、线路规划等进行充分考虑，主要的依据就是青少年的兴趣爱好和身心特点。

低年级的学生由于身心发展尚未成熟，对父母、教师的依赖性较强，为了确保他们的旅行安全，设定的研学活动行程范围就较小，主要为学校所在市、县、区的周边场所。到了中学，学生的自理能力和求知欲望增强，所以研学旅行的范围有所增大，甚至可以跨出国门，而且与课堂教学相比，研学旅行更注重让青少年以轻松愉快的游乐方式进行学习。

2. 有专业的组织单位

学校是最常见的研学旅行组织单位。国内有相关背景和资质的正规研学机构，也已经初具雏形。

从各国实践来看，以组织为单位开展研学旅行的好处在于，一是有助于让青少年在熟悉的集体中开展学习，培养集体意识；二是便于组织和管理，提高组织和管理质量，提高活动的安全性和针对性，同时节约活动成本。

3. 有明确的主题和目的

是否有明确的主题和目的，是研学旅行能否取得预期效果的一个关键因素。有的放矢，才会事半功倍。无论是国内还是国外，成功的研学旅行都有自己独立的主题和完善的规划，有备而来，才能真正有效满足青少年的研学需求。

（六）研学旅行的意义

1. 实践意义

中小学生研学旅行是由教育部门和学校有计划地组织安排，通过集体旅行、集中食宿的方式开展的研究性学习和旅行体验相结合的校外教育活动，是学校教育和校外教育衔接的创新形式，同时更是教育教学的重要内容，是综合实践育人的有效途径。

2. 教育意义

持续、高质量地开展研学旅行，有利于促进学生培育和践行社会主义核心价值观，激发学生对党、对国家、对人民的热爱之情；有利于推动全面实施素质教育，创新人才培养模式，引导学生主动适应社会，促进书本知识和生活经验的深度融合；有利于加快提高人民生活质量，满足学生日益增长的旅游需求，从小培养学生文明旅游意识，养成文明旅游行为习惯。

三、研学旅行的注意事项

近年来，国内各地区都在积极探索开展研学旅行，部分试点地区已经通过实践取得了显著成效，在促进学生健康成长和全面发展等方面发挥了重要的作用，积累了有益经验。但一些地区在推进研学旅行工作过程中，仍然存在思想认识不到位、协调机制不完善、责任机制不健全、安全保障不规范等问题，制约了研学旅行的有效开展。当前，我国已进入全面建成小康社会，研学旅行正处在大有可为的发展机遇期，旅游行业从业者应把研学旅行放在更加重要的位置，推动研学旅行健康、快速发展。

从研学旅行的发展来看，旅游行业从业者应重点关注以下四个"度"：

（1）吻合度：指研学旅行产品设计与教学内容的吻合度，减少随意性。

（2）深入度：指研学旅行产品主题的阶段深入度，减少流于形式的实施，避免"只旅不学"或"只学不旅"的现象。应结合地区的特点和背景，精准分析当地研学受众的需求，对一个主题进行分阶段强化，由浅入深，由表面上走动式地观看到深入了解某个主题，并且对这种深入有一定的检测和反馈途径。各个学校可以根据本校的教育教学计划灵活安排研学旅行的时间，一般安排在小学四至六年级、初中一至二年级、高中一至二年级，时间点上应尽量错开寒暑假旅游高峰期。同时，学校也可以根据学段特点和地域特色，逐步建立小学阶段以乡土乡情为主、初中阶段以县情市情为主、高中阶段以省情国情为主的适合本校实施的研学旅行活动课程体系。

（3）完整度：指在研学旅行实施中，逐步积累经验，校企合作共同开发一批育人效果突出的研学旅行活动课程，建设一批具有良好示范带动作用的研学旅行基地，打造一批具有影响力的研学旅行精品线路，建立一套规范管理、责任清晰、多元筹资、保障安全的研学旅行工作机制，探索形成中小学生广泛参与、活动品质持续提升、组织管理规范有序、基础条件保障有力、安全责任落实到位、文化氛围健康向上的研学旅行发展体系。

（4）专业度：指组织实施参与研学旅行各方的准入标准、退出机制和评价体系。这里的专业，既指参与各方资质的专业，又指主办方、承办方在实施过程中的专业，更指各方工作人员的专业度。

对主办方而言，首先应具备法人资质，应对研学旅行服务项目提出明确要求，应有明确的安全防控措施、教育培训计划，同时应与承办方签订委托合同，按照合同约定履行义务。简而言之，主办方要清楚为什么安排研学、研学实施有哪些要求、研学效果应如何测评。

对承办方而言，应为依法注册的旅行社，符合《旅行社国内旅游服务规范》（LB/T 004—2013）和《旅行社服务通则》（LB/T 008—2011）的要求，宜具有 AA 级及以上等级，并符合《旅行社等级的划分与评定》（GB/T 31380—2015）的要求。旅行社应连续三年内无重大质量投诉、不良诚信记录、经济纠纷及重大安全责任事故等。同时，应设立研学旅行的部门或专职人员，宜有承接 100 人以上中小学生旅游团队的经验。承办方应与供应方签订旅游服务合同，按照合同约定履行义务。

对于承办方在研学旅行项目实施中的人员配置，《研学旅行服务规范》（LB/T 054—2016）中也有明确的表述，如承办方应为研学旅行活动配置一名项目组长，项目组长全程随团活动，负责统筹协调研学旅行各项工作。应至少为每个研学旅行团队配置一名安全员，安全员在研学旅行过程中随团开展安全教育和防控工作。应至少为每个研学旅行团队配置一名研学导师，研学导师负责制订研学旅行教育工作计划，在带队老师、导游等工作人员的配合下提供研学旅行教育服务。应至少为每个研学旅行团队配置一名导游，导游负责提供导游服务，并配合相关工作人员提供研学旅行教育服务和生活保障服务。

四、研学旅行导游服务

研学旅行除了"游"与"行"之外，更重要的是要关注"学"。

研学旅行需要有专业人员为学生进行知识讲解，如学生去国家级自然保护区开展研学活动，随同讲解的应是该保护区的资深科考人员；学生去高新技术的汽车生产车间开展研学活动，随同讲解的也应有工厂的技术骨干。但目前，我国许多地方承担研学旅行讲解工作的人员基本是学校老师、旅行社导游和景区导游，在一些专业性较强的知识领域，尤其是一些知识交叉的领域，会显得力不从心，如生物学领域、动植物学领域、高科技领域等。如何培养"既懂行、又会讲"的研学旅行服务专业人才，也是我国研学旅行实现可持续发展必须正视的问题。

国家旅游局（现文化和旅游部）在2016年12月颁布的《研学旅行服务规范》（LB/T 054—2016）中，对研学旅行"导游讲解服务"的要求概括为导游讲解服务应符合《导游服务规范》（GB/T 15971—2010）的相关要求。在讲解服务中，应将安全知识、文明礼仪作为导游讲解服务的重要内容，随时提醒和引导学生安全旅游、文明旅游。服务中应结合教育服务要求，提供有针对性、互动性、趣味性、启发性和引导性的讲解服务。综上所述，研学导游是在研学旅行中，具体实施研学活动方案，指导并带领学生参与教育旅游活动的专业人员。

研学旅行导游服务和常规学生旅游团导游服务有明显区别，除了对涉及景点的常规讲解内容有深入了解外，研学团导游还需要有较扎实的综合、专题知识基础和知识普及能力，善于引导学生群体发现景区的科学、文化内涵，让学生通过互动和体验感受大好河山，感受中华传统美德，感受革命光荣历史，感受改革开放为每个人的生活带来的巨大变化。

总的来说，研学旅行团的导游服务主要体现在以下六个方面：

（一）研学团导游需要细致和耐心

目前参与研学旅行的受众主要是中小学生，他们精力十足，活泼好动，提出的问题总是连续不断。研学团的人数一般都会有上百人，要么是几个班，要么是一个年级，这么多的团员集中在一起行动，不管是在途中还是抵达后，不管是引领还是提醒，甚至讲解和互动，都需要导游保持细心和耐心，甚至要进行多次的重复服务。作为团队导游或随团工作人员，富有激情，注意细节，保持耐心，细致服务是首要的要求。

（二）研学团导游需要有扎实的综合及专题知识储备

导游的素质直接决定了研学旅行产品实施质量的高低。从事研学旅行工作的在岗人员，上岗前必须经过专业培训，特别是导游的培训。从事研学旅行服务的导游不仅要求具有丰富的旅游综合知识，还要具有相关的教育知识。研学团导游应进行专门的研学教育和培训，对于专业性较强的研学旅行项目，如博物馆、科技馆、主题展览馆、动物园、植物园、工业项目、科研场所、红色教育基地等，实施方还可以选择专业人员成为导游讲解人员。

（三）研学团导游应具备丰富的导游技巧

研学旅行团的参与方式有更多的互动、学习与体验环节。这就要求导游不能一味地以单向讲解为主，还应熟练运用问答法、讨论法、归纳法、观察法等导游服务技能，努力让学生通过动手参与，在做中学、做中悟，掌握科学、文化知识，感受社会的发展与进步。

（四）研学团导游应具备良好的环保习惯

在带领研学团的过程中，导游应善于引导学生保护环境，学会与自然和谐相处。在体验过程中，引导学生学会爱护各类设施，按工作人员的要求进行操作，重视节能环保；在户外探索的过程中，引导学生尊重当地民俗，爱护环境，不乱扔果皮纸屑，不乱刻乱画，不干扰或破坏动物的栖息环境，不随意采集植物标本。

（五）研学团导游应善于学习

研学团的讲解知识和服务技能都在不停地更新中，这就需要导游善于学习，不断地完善和提升综合素质。每一次带团的过程，实质上也是导游自身学习和提升的过程，如需要不断学习教育知识、红色旅游资源知识、工业知识、科普知识、地质知识、动植物知识等。

（六）研学类景区应着力完善研学旅行解说系统

解说系统是向游客传播知识的重要渠道。研学类景区应建立研学专题讲解体系或在景区内增加研学内容，将景区内的图片、实物或标本及有关的研学知识资料展示出来，图文并茂、深入浅出地让学生群体了解景区内的文化内涵，从而满足学生的认知需求。同时，景点的解说词要以科学为依据，注重趣味性、教育性的有机结合。还应完善以信息化为基础的游客服务载体，用动漫、故事、卡通、小电影、短视频、沉浸式体验等学生喜爱的方式，为他们提供关于景区整体文化价值、研学旅行景点分布等方面的信息。

导游服务质量评价如表4-1-1所示。

表4-1-1 导游服务质量评价

时间	年 月 日	学校及班级			
研学目的地		参加总人数			
本车人数		教师		（签名）	
评价内容	评价				
	很满意	满意	基本满意	不满意	
人员素质					
乘坐服务					
园区 / 基地服务					
讲解服务					
餐饮服务					
住宿服务					
安全服务					
总体评价	很满意（ ）满意（ ）基本满意（ ）不满意（ ）				
建议					

注：1. 本评价表仅限对导游个人的服务质量进行评价，不适用对汽车驾驶人和目的地景点和园区提供的服务评价；

2. 评价方式以"√"或"×"表示。

 任务实施

【案例分析】

一、案例背景

旅行社为市实验中学策划并实施了为期五天的科技馆研学旅行。此次旅行的核心目标是让学生通过实地参观、互动体验及专家讲座等形式，深入了解科技知识，提高科学素养，并培养学生的团队协作和问题解决能力。

二、任务实施过程

前期策划与准备：旅行社与实验中学紧密沟通，明确研学旅行的目标和要求。

根据学生年龄和学科特点，设计合理的行程安排，包括科技馆参观、专家讲座、互动体验项目等。提前预订科技馆门票、交通工具和住宿，确保行程顺利。为学生准备研学手册，包括科技馆介绍、学习任务、互动项目指南等。

行程执行：旅行社安排专业的导游和领队，全程陪同学生，确保安全。在科技馆内，导游引导学生有序参观，并讲解展品的科学原理和应用。安排专家讲座，为学生提供深入的科学知识讲解和互动环节。组织学生进行互动体验项目，如科学实验、科技制作等，增强实践体验。

任务执行与监督：旅行社根据研学手册中的学习任务要求，指导学生完成相关任务，如记录学习笔记、参与小组讨论等。监督学生完成任务的情况，及时对学生给予指导和帮助。鼓励学生之间进行合作和交流，培养团队协作精神。

后期总结与反馈：旅行结束后，旅行社组织学生进行总结分享会，分享学习心得和体会。

收集学生和教师的反馈意见，分析研学旅行的效果和不足。根据反馈意见，提出改进建议，优化未来的研学旅行策划和实施。

三、案例解析

目标明确，内容充实：本次研学旅行目标明确，内容充实，既注重科技知识的普及，又注重实践能力的培养。通过参观科技馆、参与互动体验项目等形式，学生深入了解了科技知识，提高了科学素养。

行程安排合理，体验丰富：旅行社根据学生的年龄和学科特点，设计了合理的行程安排，让学生在轻松愉快的氛围中学习和体验。同时，通过专家讲座和互动体验项目等形式，增加了学生的参与度和体验感。

专业团队，安全保障：旅行社安排专业的导游和领队全程陪同学生，确保学生的安全和行程的顺利进行。同时，旅行社还为学生准备了研学手册等学习资料，方便学生更好地参与研学活动。

注重反馈，持续优化：旅行结束后，旅行社及时收集学生和教师的反馈意见，分析研学旅行的效果和不足，并根据反馈意见提出改进建议。这种注重反馈和持续优化的态度，有助于提升研学旅行的质量和效果。

任务实训

研学导游的工作涉及旅行的各个方面，相比较于普通导游更考验专业能力。只有通过不断地训练，自己的旅游接待能力才会有所提升，我们一起来试着填写研学旅游的实训单吧！

研学旅行实训单

目标设定与需求分析	研学旅行目标			
	分析目标受众需求			
行程规划与设计	选择目的地			
	设计活动安排	实地考察	专家讲座	互动体验
	安排住宿餐饮	住宿要求		餐饮要求
策划营销与宣传	制定营销策略			
	设计宣传材料			
预算与成本管理	制订预算计划	规模：	时间：	计划：
	合理控制成本			
风险评估与安全管理	潜在风险	交通	健康	安全
	应对措施	安全预案：	急救方案：	
	安全管理			
总结反思				

任务评价

学生自评

主要内容	自我评价	
	我学会了	我的问题
研学旅行特点		
研学旅行接待准备工作		
研学旅行产品设计		
研学旅行服务项目		
研学旅行的意义		
研学旅行的现状		
7S 素养体现情况		

教师评价

任务名称	考核项目	考核内容	评分		备注
			分值	得分	
研学团队导游服务	知识准备	认真学习教材，预习新知识	10		
	教学过程	积极参与训练任务，按接待流程制订接待计划，在教学中学习专业技能和相关知识	20		
	训练任务	独立完成训练任务，填写接待行程单	30		
	学习主动性	积极承担学习相关工作任务，实训中主动学习相关专业知识	10		
	7S 素养	遵守实训室及相关场地规章制度，穿着统一服装，按要求进行实训，具备环保意识和良好的行为习惯，保持实训室及相关场地卫生	10		
	纪律性	遵守学习纪律，不迟到、早退，不做与教学无关的事情	20		
总评			100		
评价人签名：			_____年___月___日		

任务二　银发团队导游服务

　任务描述

文化和旅游部印发的《"十四五"文化和旅游市场发展规划》指出，提高文化和旅游服务的品质化、多样化水平。针对老年人等特殊群体，提升服务便利性。

银发旅游即老年旅游，老年旅游是指年满55周岁的人出于娱乐消遣、养生保健、疗养等休闲目的而暂时离开自己的常住地前往异地他乡的旅行和逗留活动。据统计，我国"50后"群体已开始进入老年，老年人口以每年近千万的速度增加。"十二五"时期，我国人口老龄化进程加快，与之伴随的"银发产业"正悄然兴起。

相比大杂烩般的"一锅端"旅游，如今的文化游、故地游、健身游、养生游等特色项目吸引了更多的银发族，自然风情和历史文化融合的精品慢游，虽然价格上可能高于传统的夕阳红旅游，但行程安排上增添了许多令老年朋友倾心的项目，被更多的老年人钟爱。

银发团队接待需要旅行社的精心准备，导游的用心付出，以"老吾老以及人之老"的服务热情参与其中，用热情、细致、周到的服务赢得旅行团员的认可。

通过前几轮的跟团实践，小王已经较熟练地掌握了各种团队的接待常识和技能。接下来，专线部张经理又安排小王配合接待一个从西安赴汉中的18人空调旅游车往返"三国古迹游"银发团。团员平均年龄为54岁。为了更好地配合全陪、地陪开展工作，小王仔细查阅了团队行程相关资料和注意事项要求。她详细列出了接待计划中的要点：

1.收集各景点的讲解资料，熟悉与三国文化相关的历史素材；

2.注意事项提醒，包括旅行安全、随身必备药品、天气预报、财物保管、购物须知等；

3.当地菜肴、特色风味介绍；

4.当地名优风物特产介绍；

5.线路途经城市沿革、概况介绍，沿途的路况、海拔、行车时间介绍等；

6.当地非物质文化遗产项目介绍；

7.当地老街、古建筑资料收集；

8.收集老年人旅途常见疾病预防和应对资料。

本任务主要针对银发团队的导游工作程序。同学们，让我们一起开启银发导游服务的旅程吧！

任务导入

武汉银发旅行团一行18人于9月20日由武汉乘某空调旅游车在16:25抵达西安入住假日国际酒店，旅行社派小李进行接待。

按照银发导游的服务规范进行分析：

1. 银发导游的工作程序应该是怎样的？

2. 写出致该团抵达西安市的简短欢迎词。

学习地点

模拟导游实训室、室外实训场。

<<< ZHISHI ZHUNBEI

>>> 知识准备

一、我国银发旅游的发展现状与特征

（一）老年市场广阔

目前，我国大城市开始出现人口老龄化的现象，老年人口占有相当大的比重，老年市场具有很大的开发潜力。据了解，我国很多家旅行社已经专设了"夕阳红"线路，开展各种主题的旅游线路，很受老年消费者的欢迎。

（二）老年人大多有一定的经济基础

现在60岁以上的老年人，是社会养老保险制度的受益者，每月能领到一定金额的退休金和养老保险金，同时其子女在有条件的情况下也会资助，因而有一定的购买力。

（三）老年人有充裕的时间

进入20世纪90年代，中国的家庭结构逐渐由"四世同堂"向"三口之家"甚至"两口之家"转变，于是出现了大批的"空巢家庭"。因此老年人的空闲时间非常充足，由此，庞大的银发人群催生出了巨量级的银发产业，比如，健康产业、旅游产业、文化产业等，诸多与老龄化相关的产业都表现出了非常大的发展潜力，潜力巨大的"银发旅游"市场，眼下成为各大旅游组团社关注的焦点。

（四）我国老年人具有强烈的外出旅游欲望

北京一些旅行社调查结果显示，70%的老年人有退休后旅游的倾向，有强烈的愿望，想出去走走看看。旅游活动是人们在满足基本生活需求之后的一种更高层次的休闲、学习方式，是自我丰富和自我肯定的途径。并且旅游是一项兼观光、疗养、运动、购物、休闲和娱乐于一体的大众活动，能够丰富、点缀老年人的空巢生活，备受老年人的青睐。

（五）子女表孝心送"旅游"，老年人转变思想

为父母出资去旅游，也成为子女表孝心的热门方式之一。随着现在生活水平的提高，中老年人手头也较为宽裕，他们不再满足于一般的日常休闲活动，希望可以出门接触和了解新鲜事物。再者，很多老年人觉得辛苦了大半辈子，如今终于可以歇歇了，走出去看看祖国的大好河山，是不错的选择。出门旅游，不仅能观赏美丽的景色，而且能强身健体，给身心健康带来许多好处。

二、中国旅游"银发市场"存在的问题分析

随着我国步入"老龄化"社会，老年群体消费能力日益显现，老年旅游成为旅游市场重要部分。虽然市场潜力巨大，但老年人的需求与市场服务对接过程中却遭遇"梗阻"。

（一）旅游市场供需不平衡

据资料统计，按中国 1.3 亿老年人计算，每年旅游消费可达 3 000 亿元人民币，而目前市场上提供的旅游产品和服务仅为 500 亿元。相对于老年消费群体的扩大，专门为老年人量身定做的旅游产品和服务与之并不匹配，虽然老年市场有巨大潜力，却忽视了老年市场的开发，使得老年市场长期被冷落，导致了老年市场供需失衡。

（二）旅游产品缺乏针对性

我国很多旅行社在设计旅游产品时不考虑老年人的心理特征、生理特征和行为特征，把不符合老年人需求的产品出售给他们。很多老年人反映旅行社的行程太满、太紧张，花的钱多，身体还吃不消。老年群体不同于其他群体，体力和饮食习惯有其特殊性，他们希望拥有一个轻松的高质量的旅游，过多的景点和过长的旅游周期会使他们体力透支。而旅行社为了赚取利润会安排过多的景点和购物点，导致行程紧迫，从而影响老年游客的心情和身体健康，进而对旅游产生恐惧。这对旅游业的长远发展来说是极为不利的。

（三）旅游服务项目的专业性不强

目前，我国市场上为银发旅游服务的旅行社可谓是凤毛麟角，一方面他们想吃银发旅游市场这块"肥肉"，另一方面却又不愿承担风险，因此也不愿意投入太多的资金为老年人旅游提供健全的、人性化的服务体系。现在我们的旅游服务体系大部分只能说是一般化和浅层次的，不能适应以人为本的要求，例如，老年人对旅游目的地选择性强，对出游活动的安排比较慎重。老年人已经失去了像青年人那样对旅游活动中探险成分的好奇，因此，出发前会通过媒介对目的地的情况做尽可能详尽的了解，并力求提前安排。所以老年旅行社必须在健全的网络体系、渗透社会基层、提升服务功能、方便老年游客上下功夫。

（四）银发旅游未得到区别发展

很多旅行社在做老年旅游，老年人群占出游人群比例60%以上，"蛋糕"看上去挺大，但属于"鸡肋"。老年团比普通团的盈利率少30%。国有企业、机关事业单位的退休人员是主要客源。老年人受经济状况、观念等影响，选择旅游产品多以经济适用为主。目前老年旅游基本处于低层次的观光旅游。老年旅游需要考虑的因素很多，比如，行程是否符合老年人特点，餐饮是否符合老年人胃口，是否配备医护人员等。但目前老年旅游并没有真正从整体旅游中区别开来。

（五）银发旅游发展受经济制约

老年旅游人群投诉多，风险大，价格提升空间小。虽然很多投资者有开发老龄旅游产品、推行"异地养老"的想法，但真正敢做、做得好的并不多。很多以老年人为专营的旅行社经营现状可谓"惨淡"。"候鸟式养老"在中国还不多见，主要是受经济条件制约，观念未普及。而且发展银发旅游，需充分考虑老年人的心理和生理特点，会加大成本投入。

三、银发旅游发展的前景

（一）老年人转变观念，子女表孝心

随着社会进步和经济收入水平的提高，老年人正在逐步抛弃"重积蓄、轻消费""重子女、轻自己"的传统观念，"花钱买健康""花钱买潇洒"正在成为现代老年人的时尚追求。目前，老年旅游已经成为时尚。有些老年人经常旅游，对旅游产品已经相当了解，无论是旅游目的地的选择、行程路线等都有自己独特的见解。另外，如今，一对夫妇往往要照顾4个老年人，而繁重的工作压力和紧张的生活环境使他们的孝心无暇表达。因此，越来越多的人倾向于送父母出门旅游、开阔视野、结交朋友。"银发旅游族"这一新生事物也由此应运而生。

（二）旅行社大力开拓银发市场

以客户需求为出发点一直是国内旅游产品研发的根本所在，尤其是针对老年旅游市场的研究和开发，更是需要进行大量的工作。"夕阳新旅程"系列旅游线路，精心挑选国内最适合老年朋友的旅游目的地，根据老年朋友的生活习惯和旅游偏好，重新设计有别于常规的更加舒适的旅游线路，在线路安排上首先保障了旅游的品质。合理、健康的饮食搭配，火车中下铺及正点航班的交通安排，包括每天给顾客子女发一条"平安短信"的服务，致力于为老年朋友打造最安全与最舒适的旅游条件，也让子女们更加放心让老年人出行。部分旅行社还特别赠送给老年朋友旅游意外伤害保险，使老年朋友的出行安全有了进一步的保障。

（三）银发旅游受到相关部门重视

业内人士认为，有关部门应将老年旅游当成老龄产业发展的重点看待。针对老年旅游市场，制定标准规范，给予老年人和相关机构适当补贴和优惠。同时加强监管，严厉打击损害消费者利益的行为。由于老年人大多注重低价旅游，因此还需加强价格管理和市场信息透明

度监管。旅行社协会也将为专门修读银发旅游业的优秀学生提供奖学金、书本费等，该专业第三年的学生将会被安排在协会的会员旅行社实习，向旅游专业人士汲取经验，以在未来成为银发旅游产品的设计者和特定旅游配套的专业服务人员。

发展银发旅游，需要关注老年人出游的四大需求，分别是消费升级的需求、社交的需求、自我探索的需求、康养的需求，需要对老年人出游市场有一个重新的认识。

四、银发旅游团队的特点

（一）时间充裕，选择淡季、错峰出行

许多老年游客在退休时身体仍然比较健康，也比较有活力，并希望做一些自己喜欢又力所能及的事情。一些有着积极生活态度的老年人，还希望继续增长见识，以丰富自己的人生阅历；另一些退休者又因自我感觉归属感缺失，愿意更多地回归社会与人交往，亲近自然，与生命为邻。在出游时间的选择方面，老年游客春季（3—5月）出游占比略高，为31%，随后是秋季（9—11月）出游占比28%，次之是夏季（6—8月）出游占比22%，最后是冬季（12月—次年2月）出游占比19%。总体来看，由于大部分老年人已退休在家，闲暇时间较多，全年大部分时间都可以用来外出旅游，因此各个季节出游比例并没有太大差别。根据以往的规律，每年的春秋两季（3—5月、9—11月）是老年人出游的黄金时间，和春节、国庆等旅游旺季"错峰"，既可避免高密度的人流，又可享受淡季出游的优惠。

（二）以团队出游为主

超过90%的老年人会选择与老伴（30%）、亲戚（20%）、同事（28%）、同学（18%）一起旅游，仅有一小部分老年人会独自出行。由于子女工作的原因，老年人出游会首选身边的丈夫或妻子，其次是和年龄相仿的人一起，包括来往密切的亲戚、相熟多年的老同学及关系较好的同事等。换句话来说，老年人做出旅游决策的同时，至少会带动另外一位或者更多的亲朋好友共同参与出游。

（三）思想怀旧

老年游客对历史、典故兴趣很高，更乐于从谈古论今、古今对比的切入点去了解景点。对城市概况的了解也偏向于城市的发展历程和溯源。目前，市场上的文化主题线路一般比较受老年游客的欢迎，如三国文化、民俗文化、宗教文化、丝绸之路、养生文化等成熟产品。

（四）理性消费

老年人出游的消费需求是不再受限、不留遗憾、不再错过。相对于年轻人的月光族、中年人巨大的压力，老年人无论在时间还是金钱上，都成为相对充裕的群体。退休不是说就退出了人生舞台，而是着力打造无限可能的"第二人生"。在这里值得一提的是，我们接触过很多老年游客，他们在退休后对生活和人生的乐趣更具有品质和新鲜感，特别是跟团游的这些老年人，他们对生活充满热情，是非常有活力的群体，这说明消费分级的趋势已经形成。

老年人在消费的过程中有两面性，一面是能省则省，另一面是能花则花。还有另外一个变化就是随着退休金的增加，个人出游经验的丰富，他们的品鉴能力也在提升，在以往固有观念上认为老年人都是价格便宜旅行团的消费者，而现在的老年人则是追求性价比高的品质旅游产品的消费者，除了参与常规旅游团出游外，更多的老年游客已经在逐步积累旅游经验，学会制作旅游攻略，积极参与自助游或自驾游。

（五）重视安全

带银发团队是一项富有挑战性的工作，也是一名导游在职业发展过程中必须尝试的团型。因为团队成员均为老年人，导游必须时刻把安全放在第一位。出发前，旅行社应组织出团说明会，导游应到会和团员见面。组团社导游应宣讲团队注意事项，并讲解"出团说明书"，回答团员的各种问询。在乘坐各类交通工具时，导游必须重复强调安全事项，停靠站时务必注意清点人数，清楚团员动向。在游览活动中，导游应提前告知集合时间、地点、联络方式，全陪、地陪、景区讲解员应前后照应团员队伍，加强巡视。在体验活动中，导游应详细阐述活动要求和注意事项，并全程在活动现场进行督导管理。入住饭店后，导游应及时巡房，询问入住情况和房间设施情况。

（六）沟通交流

老年人有丰富的生活阅历，对各种社会现象也有自己的评价。同时，他们期待和导游有较深入的交流，而不只是通过讲解来获取新的知识。带团过程中，导游应注意和团员的多层次交流和互动。这种交流也是导游从团员身上获取历史素材，丰富讲解内容，提升讲解层次的有效途径。

（七）贴心的行程安排

银发团队的行程安排一定要劳逸结合、疏密相间。带团过程中，导游要多注意团员的身体情况和精神状态。对于如华东五市游、西藏游等长线和高海拔线路，导游应合理安排游览时间，讲解中应突出重点景观。游览中，需要留出一定的休息时间让团员体力得到恢复，切忌用急行军的方式走马观花。

五、银发旅游团队的导游服务

（一）以"稳"为主，掌控节奏

带银发团的最大特点是"稳"，所以这就要求在接团前，导游应做细心而严谨的准备。具体准备环节包括以下方面：

（1）充分熟悉旅行团中人员的基本情况，尤其对团队中单人出行的老年人应重点关注。

（2）充分熟悉行程计划，对其中有安全隐患的环节应——梳理，对整个行程的掌控应了然于胸，对景区内的游览时间和线路安排应事先预计。如长江三峡线路，在夏季沿途城市和景点都处于高温，游览过程中，应注意预留充分的休息时间。

（3）制定突发情况的应急预案，熟练掌握应对程序。

导游对银发旅游团接待中的突发事件必须做到预防为主、有备无患。尤其是团员年龄偏大，自救能力弱，更容易发生意外事故。在出行前应制定详细的应急预案有利于导游做出及时的应急响应，降低旅游事故的不良影响。如突发性高原反应的应对、旅途常见疾病处理、突发性心血管疾病的处理、骨折的处理等都是预案中的重点内容。另外，派遣随团医生也是目前众多旅行社采取的保障措施之一。

（二）以"忆"贯通，对比讲解

在讲解中，导游要做到古今对比、纵横对比，以时间线索贯通讲解内容，语速稍慢，语调亲切。导游技巧上多使用讨论式或互动式的方法，使老年人有机会参与到讲解的互动中来。同时，对于老年人感兴趣的历史、典故、沿革等内容，导游应做充分的知识储备。

（三）以"勤"为先，服务细心

银发团在食、住、行、游、购、娱六要素的安排上都与常规旅游团有所不同。在行程中，导游应细心服务，根据团员的年龄结构做好协调安排。

（1）团餐：银发团的团餐应注意荤素搭配，食物应做到软硬适度，忌太辣或太咸，高脂肪或高胆固醇食物不应太多。银发团要提供既具有地方特色又具有生态环保、清淡可口的家常便饭、养生料理，要为糖尿病、高血压等慢性病群体提供定制化餐饮服务，满足特殊群体健康的需求。

（2）住宿：老年人希望入住一个干净舒适并清静的环境。在酒店预订上，旅行社应注意这一特征。团员入住安排房间时，导游应与前台协调安排不靠停车场或茶楼等喧闹场所的房间。楼层尽量集中安排，便于互相照顾。同时注意检查房间有无安全隐患。每晚应按时电话查房，并提醒注意事项。

（3）旅行：注意提醒团员乘坐交通工具的安全须知，团员座位、铺位尽量集中安排，方便巡查。在旅游行程安排中也应有娱乐活动，调动旅途气氛。

（4）游览：注意提醒团员景区游览注意事项，集合时间、地点、游览线路应重复提醒。导游务必全程引导游览，切忌随意离开旅游团自己单独活动。同时景点之间的乘车时间不宜太长，中途有适当的下车休息时间。

（5）购物：老年人喜欢货比三家，消费较为理智、谨慎。购物中，导游应注意随时回答团员的问询，并及时提供帮助。

（6）娱乐：进行民俗体验、歌舞晚会等娱乐活动时，导游应详细交代活动要求和注意事项。全陪、地陪应密切关注团员动向，防止活动中意外事故的发生。

（四）以"敬"待人，营造氛围

导游在带团过程中，应注意"敬"字当头，尊重每一位团员，一视同仁地对待每一位团员。在说话做事、分寸拿捏上务必掌握尺度。同时，导游应积极主动地开展团队管理，以诚意和细心打动团员，通过团队精神的打造，让团员形成向心合力。

任务实施

【案例分析】

银发旅游案例

一、案例背景

某知名旅行社针对60岁以上的老年游客，精心策划了"古都寻根·西安银发之旅"的旅游产品。该产品以西安丰富的历史文化遗产为核心，结合老年游客的身体特点和兴趣爱好，提供了一系列符合其需求的旅游服务。

二、目标群体与需求分析

老年游客普遍关注旅游行程的舒适度、安全性及文化体验。他们希望能够在旅行中放松身心，感受不同的文化氛围，结交新朋友。因此，旅行社在产品设计时充分考虑了这些因素，为老年游客量身定制了专属的旅游行程。

三、产品设计特色

深度文化体验：行程安排注重历史文化遗迹的参观，如兵马俑、大雁塔、古城墙等，让老年游客在旅行中深入了解西安的历史文化。

舒适度优先：住宿选择高品质的酒店，确保游客的休息质量。行程安排合理，避免过于紧凑，给游客留出充足的休息时间。同时，旅行社还提供了专业的旅游巴士和贴心的餐饮服务。

安全保障到位：全程配备专业导游和随队医生，确保游客在行程中的安全和健康。此外，旅行社还为游客购买了旅游意外险，以提供全面的安全保障。

四、任务实施过程

（一）前期准备

（1）对游客进行健康评估，确保游客的身体状况适合长途旅行。

（2）与酒店、景区等合作方进行沟通协调，确保接待工作的顺利进行。

（3）对导游和随队医生进行专业培训，确保他们具备应对突发情况的能力。

（4）为游客准备详细的行程安排和注意事项手册，确保游客对行程有充分的了解。

（二）行程执行

（1）导游在行程中详细讲解景点的历史背景和文化内涵，让游客深入体会西安的文化魅力。

（2）随队医生全程陪同，关注游客的身体状况，及时处理游客的不适和突发情况。

（3）旅行社为游客提供了舒适的交通工具和餐饮服务，确保游客在旅行中有较好的舒适度。

（4）在行程中穿插了多次休息环节，确保游客有充足的休息时间来恢复体力。

（三）后期反馈

（1）行程结束后，旅行社通过问卷调查和电话回访的方式收集游客的反馈意见。

（2）根据游客的反馈意见，旅行社可以对产品和服务进行优化和改进，从而进一步提升游客的满意度和忠诚度。

五、案例成效

游客满意度高：通过问卷调查和电话回访，大部分游客对本次旅行表示满意，认为行程安排合理、服务周到、体验丰富。

口碑传播广：老年游客在旅行中结交了许多新朋友，他们纷纷向亲朋好友推荐本次旅行，为旅行社带来了更多的客源。

市场影响力增强：本次银发之旅的成功举办，提高了旅行社在银发旅游市场的知名度和影响力，为旅行社未来的发展奠定了坚实的基础。

六、案例启示

深入了解目标群体：在开发银发旅游产品时，要深入了解老年游客的需求和兴趣爱好，为他们量身定制专属的旅游行程。

注重舒适度与安全性：老年游客的身体状况较为特殊，因此在设计产品时要充分考虑舒适度和安全性，确保游客在旅行中的舒适和安全。

提供丰富的文化体验：老年游客普遍关注文化体验，因此在产品设计时要注重历史文化遗产的参观和体验，让游客在旅行中深入了解当地的文化并感受其魅力。

加强后期反馈与改进：在旅行结束后，要及时收集游客的反馈意见，并根据意见进行产品和服务的优化和改进，提升游客的满意度和忠诚度。

 任务实训

一、实训目标

通过本次实训，学生能够：

（1）深入了解银发旅游市场的特点和老年游客的需求；

（2）掌握银发旅游行程规划的基本原则和技巧；

（3）学会与老年游客沟通的基本方法；

（4）提高团队协作和应对突发情况的能力。

二、实训内容

1. 市场分析

搜集并分析银发旅游市场的相关数据，包括老年人口结构、旅游消费习惯、旅游偏好等。深入了解老年游客的身体状况、心理需求及旅游期望。

2. 行程规划

根据老年游客的特点和需求，设计一份符合其需求的银发旅游行程。行程应包含多个文化景点，同时注重舒适度、安全性和体验感。在规划过程中，考虑游客的休息时间、餐饮安排及交通方式等。

3. 角色扮演与模拟服务

学生分组进行角色扮演，模拟导游、随队医生、游客等角色的相关工作。在模拟场景中，学生需根据角色特点进行互动，完成导游讲解、医疗服务、游客咨询等任务。

教师或指定学生担任评委，对角色扮演过程进行点评和指导。

4. 团队协作与应对突发情况

学生分组进行团队协作训练，完成一项与银发旅游相关的任务。在任务执行过程中，模拟可能出现的突发情况，如游客突发疾病、交通事故等。学生需根据突发情况，迅速做出反应并制订解决方案。

教师或指定学生担任观察员，记录学生在团队协作和应对突发情况中的表现。

5. 实训总结与反馈

学生完成实训任务后，进行个人和团队总结。分享在实训过程中的收获和体会，包括对银发旅游市场的认识、行程规划的技巧、服务能力的提升等。教师对学生的实训表现进行点评和反馈，并提出改进建议。

三、实训要求

（1）学生需认真完成实训任务，积极参与角色扮演和团队协作训练；

（2）在实训过程中，学生需保持与老年游客的沟通和服务意识，尊重并关注他们的需求和感受；

（3）学生需根据实训内容进行充分的准备和学习，包括阅读相关资料、制订行程计划等；

（4）实训结束后，学生须按时完成实训报告，并提交给教师进行评分和点评。

实训报告中应包含以下关键要素：

1. 实训报告封面

（1）报告标题：如"银发旅游任务实训报告"；

（2）学生姓名；

（3）学号；

（4）指导教师姓名；

（5）实训时间；

（6）学院／系部；

（7）摘要／引言；

（8）简要介绍实训的目的、背景、主要内容及实训过程中的主要收获。

2. 实训任务描述

详细描述实训的具体任务和要求，包括市场分析、行程规划、角色扮演、团队协作等部分的具体内容。

3. 实训过程

详细记录实训的整个过程，包括市场分析的方法、行程规划的过程、角色扮演的模拟场景、团队协作的任务执行和突发情况的模拟应对等，以及对于每个阶段的实施，应包含具体的操作步骤、遇到的困难及解决方法。

4. 实训结果

展示实训任务完成的情况，如行程规划的结果、角色扮演的表现、团队协作的成果等。

可以通过表格、图表、图片等形式直观展示实训成果。

5. 实训分析与讨论

分析实训过程中遇到的问题和挑战，以及采取的解决措施。

讨论实训过程中的收获和体会，特别是与银发旅游市场、老年游客需求、行程规划技巧、服务提升等方面的关联。

6. 实训结论

总结实训的主要成果和收获，对实训任务完成情况进行综合评价，提出对银发旅游市场发展的认识和建议。

7. 建议与展望

针对实训过程中的不足和问题，提出具体的改进建议。对未来银发旅游市场的发展趋势进行展望，并提出自己的见解和建议。

8. 参考文献

列出在实训过程中参考的书籍、文章、网站等资料。

9. 附录

可以包括实训过程中的调查问卷、访谈记录、行程规划表、突发情况应对方案等补充材料。

10. 致谢

对指导教师、同学及参与实训的其他人员表示感谢。

实训报告应注重内容的真实性、客观性和完整性，同时要求语言通顺、逻辑清晰、格式规范。

 任务评价

学生自评

主要内容	自我评价	
	我学会了	我的问题
银发旅游发展现状与特征		
中国银发旅游市场存在的问题		
银发旅游发展的前景		
银发旅游团队特点		
银发旅游团队导游服务		
制订银发团队旅游接待计划		
7S 素养体现情况		

教师评价

任务名称	考核项目	考核内容	评分		备注
			分值	得分	
银发团队导游服务	知识准备	认真学习教材，预习新知识	10		
	教学过程	积极参与训练任务，按接待流程制订接待计划，在教学中学习专业技能和相关知识	20		
	训练任务	独立完成训练任务，填写接待行程单	30		
	学习主动性	积极承担学习相关工作任务，实训中主动学习相关专业知识	10		
	7S素养	遵守实训室及相关场地规章制度，穿着统一服装，按要求进行实训，具备环保意识和良好的行为习惯，保持实训室及相关场地卫生	10		
	纪律性	遵守学习纪律，不迟到、早退，不做与教学无关的事情	20		
总评			100		
评价人签名：			_____年___月___日		

任务三　政务团队导游服务

 任务描述

　　通过多次的跟团实践，小李已经较熟练地掌握了研学、银发旅游团队的接待常识和技能。旅行社又安排小李参与接待一个来自长沙的政务型团队。该团队主要由政府人员和旅游管理部门负责人构成，一行21人。行程中将对当地的旅游资源进行系统调研，为在境外开展旅游促销做铺垫。为了更好地配合主管部门及旅行社开展工作，保质保量地完成这次重要的接待任务，小李仔细查阅了团队行程的相关资料、注意事项及要求，详细列出了接待计划中的要点：

　　1.收集客源情况、各景点的详细规划资料，熟悉当地的旅游资源布局和特色；

　　2.详细掌握行程各段的时间安排；

　　3.熟悉当地旅游发展的基本情况；

　　4.熟悉当地城市发展情况；

　　5.线路途经城市沿革、概况介绍，沿途的路况、海拔、行车时间介绍等；

　　6.政务接待常识和政务礼仪的强化。

任务导入

　　北京政务旅行团一行21人于6月15日由北京乘某高铁在10:28抵达衡阳南站入住天宝国际酒店，旅行社派小李进行接待。

　　按照地陪的服务规范进行分析：

　　1. 政务导游的工作程序应该是怎样的？

　　2. 写出致该团抵达衡阳市的简短欢迎词；

　　3. 该团抵达酒店后，政务导游如何根据出团计划开展相应工作？

学习地点

　　模拟导游实训室、室外实训场。

<<< ZHISHI ZHUNBEI
>>> 知识准备

一、政务团队接待的概念

　　政务团队接待是指旅行社受行政事业单位委托或委派，在检查、指导、考察、交流、来访、洽谈、反馈、重要会议等行政事务过程中参与的接待工作的总称，主要包括接待、讲解等环节。

二、政务团队的特点

　　政务团队接待的对象通常是政府官员、外国政要、重要企业家等具有重要政治影响力的人物。因此，政务团队在接待工作中需要具备一定的政治素养和政治意识，以确保接待工作的顺利进行。

（一）政治性

　　政务团队接待需要坚定地站在政府的政治立场上，维护政府的形象和声誉。

　　需要具备敏锐的政治意识，了解接待对象的政治背景和政治立场，以便更好地开展接待工作；严格遵守政府的政治纪律和工作纪律，不得泄露政府机密和敏感信息；具备强烈的政治责任感，认真履行自己的职责，为政府的工作和发展做出贡献。

　　政务团队接待的政治性是政务团队工作的重要组成部分，它关系到政务团队的工作质量和效率，也关系到政府的形象和声誉。参与政务接待工作是旅行社提升企业品牌、打造质量口碑的重要平台，在宣传当地旅游资源方面发挥着重要的窗口、桥梁和纽带作用。把握好政务接待工作的特性，是做好接待工作的重要前提和基础。

（二）规范性

1. 接待流程的规范性

政务团队需要制定详细的接待流程，包括接待前的准备、接待中的服务和接待后的跟进等环节，确保接待工作的顺利进行。

2. 接待礼仪的规范性

政务团队需要遵循一定的接待礼仪，包括仪容仪表、言行举止、礼品馈赠等方面，以展现政府的形象和风采。

3. 接待服务的规范性

政务团队需要提供优质的接待服务，包括住宿、餐饮、交通、安保等方面，确保接待对象的安全和舒适。

4. 接待文件的规范性

政务团队需要准备规范的接待文件，包括接待方案、接待手册、接待报告等，以便记录接待工作的过程和结果。

5. 接待费用的规范性

政务团队需要严格遵守政府的财务管理制度，合理控制接待费用，确保接待工作的经济效益。

（三）灵活性

政务接待的灵活性是指在接待工作中，根据实际情况进行灵活调整和处理的能力。政务接待对象的来访目的、行程安排、个人喜好等都可能存在变化。因此，政务接待工作需要具备一定的灵活性，以适应各种情况的变化。

1. 行程安排的灵活性

根据来访人员的实际情况和需求，灵活调整行程安排，确保来访人员的行程顺利进行。

2. 接待方案的灵活性

根据来访人员的实际情况和需求，灵活调整接待方案，确保接待工作的质量和效果。

3. 服务内容的灵活性

根据来访人员的实际情况和需求，灵活调整服务内容，提供个性化的服务，满足来访人员的需求。

4. 突发情况处理的灵活性

在接待工作中，可能会出现各种突发情况，如天气变化、交通拥堵、设备故障等，需要政务接待团队具备灵活处理突发情况的能力，确保接待工作的顺利进行。

（四）保密性

政务接待对象的来访目的、行程安排、个人信息等都可能涉及政府的机密信息。因此，政务接待工作需要具备一定的保密性，以确保政府的机密信息不被泄露。

1. 来访人员信息的保密性

政务接待团队需要严格遵守政府的保密制度，对来访人员的个人信息进行保密，不得泄露给无关人员。

2. 接待方案的保密性

政务接待团队需要制定详细的接待方案，并严格遵守政府的保密制度，对接待方案进行保密，不得泄露给无关人员。

3. 接待内容的保密性

政务接待团队需要对接待内容进行保密，不得泄露给无关人员。

4. 接待文件的保密性

政务接待团队需要准备规范的接待文件，并严格遵守政府的保密制度，对接待文件进行保密，不得泄露给无关人员。

（五）时效性

1. 信息传递的时效性

政务接待团队需要及时获取来访人员的信息，并将相关信息传递给相关部门和人员，以确保接待工作的顺利进行。

2. 接待方案的时效性

政务接待团队需要根据来访人员的实际情况和需求，及时调整接待方案，确保接待工作的质量和效果。

3. 服务内容的时效性

政务接待团队需要在特定的时间内提供优质的服务，包括住宿、餐饮、交通、安保等方面，以满足来访人员的需求。

4. 突发情况的处理时效性

在接待工作中，可能会出现各种突发情况，如天气变化、交通拥堵、设备故障等，需要政务接待团队具备快速处理突发情况的能力，确保接待工作的顺利进行。

（六）协作性

接待工作需要各方面工作人员的配合，特别是大型接待任务，涉及的部门多、范围广。各单位都有一些特殊规定和要求，工作人员也有不同的工作风格，这要求大家必须顾全大局，相互协调沟通、理解支持，形成整体合力。

（七）公关性

要破除接待工作就是吃吃喝喝的错误观念，牢固树立为本地经济发展服务的强烈意识，在搞好接待服务工作的同时，积极开展公关活动，不失时机地宣传本地的区位优势、旅游资源、经济状况、社会发展情况等，特别是要推进一些优势企业和重要项目的招商引资工作，促进经济技术的全方位交流与合作。

（八）礼仪性

接待工作中接送站、领导会见、陪餐、陪同参观等都有必要的礼节。这就要求接待人员掌握细致的政务礼仪知识。接待人员的言行举止、行走坐立、见面握手、介绍来宾都有学问。如介绍人员时，应先把当地领导介绍给首长和来宾，把年少者介绍给年长者。握手时不要交叉握手或戴手套握手，进电梯或乘车时应让领导、来宾和女士优先。在仪态上，做到服务得体、化妆适度、端庄大方等。

三、政务团队接待礼仪

（一）接待前准备

（1）了解访客信息：提前了解访客的基本信息，包括来访目的、人数、职务、特殊需求等，以便做好个性化接待准备。

（2）制订接待计划：根据访客情况，制订详细的接待计划，包括行程安排、餐饮住宿、座谈交流等内容。

（3）准备接待物资：确保接待场所整洁有序，准备必要的接待物资，如名片、茶水、讲解资料等。

（二）接待过程中的礼仪

1. 迎接访客

（1）时间把握：提前到达接待地点等候访客，以示尊重。

（2）问候致意：见到访客时，应主动上前握手问候，并简短介绍自己及接待安排。

（3）引导陪同：引导访客进入接待场所或游览区域，途中可简要介绍相关情况，保持微笑和礼貌用语。

2. 座谈交流

（1）安排座位：按照职务高低、年龄大小等原则安排座位，确保主宾坐在重要位置。

（2）交谈礼仪：交谈时应保持自然、亲切的态度，注意倾听对方发言，避免打断或插话。对于重要议题或观点，可适当记录并适时回应。

（3）专业讲解：在游览过程中，应提供准确、生动的讲解服务，展现专业素养。同时，注意语速适中、音量适当，确保每位访客都能听清讲解内容。

3. 餐饮住宿安排

（1）尊重习惯：了解访客的饮食习惯和口味偏好，安排合适的餐饮。对于有特殊饮食需求的访客，应提前准备并特别关照。

（2）舒适住宿：根据访客的职务和来访目的安排相应的住宿标准，确保住宿环境舒适、安全。同时，提前检查房间设施是否完好，及时提供必要的服务。

（三）注意事项

（1）着装得体：导游在接待政务访客时应着正装或职业装，保持整洁干净，避免过于随意或夸张的着装。

（2）语言文明：使用文明、礼貌的语言进行交流，避免使用粗俗或不当的言辞。对于不同国家或地区的访客，可适当学习并使用简单的问候语或感谢语。

（3）尊重隐私：尊重访客的隐私和个人空间，避免询问过于私人或敏感的问题。在未经允许的情况下，不得擅自拍摄或传播访客的影像资料。

（4）灵活应变：在接待过程中，可能会遇到各种突发情况。导游应保持冷静、灵活应变，及时妥善处理问题，确保接待工作顺利进行。

四、政务团队的接待技巧

（一）充分的准备

在接待政务团之前，要对当地的历史、文化、经济、社会等方面进行深入了解，以便能够提供准确、全面的信息。注重细节是中华民族传统文化的重要内容。政务接待工作同样如此，细节看似小问题，但小问题包含着大局。从这个角度讲，细节决定成败。政务接待的细节体现在以下三个方面：

（1）注重细节的方案。

（2）人性化服务与细节。

（3）善于发现细节。

（二）强化礼仪

政务团队的接待礼仪要求比普通团队要更为细致。一名优秀的导游，既能在日常常规旅游团队接待中游刃有余，更要能在政务接待中大显身手。政务接待礼仪包含迎接礼仪、引领礼仪、讲解礼仪、座次礼仪、上下车礼仪、席间礼仪、合影礼仪等多个层面。上团之前，导游应在礼仪运用上做充分的准备。

（三）精心讲解

政务接待讲解词中除了景区、沿途概况外，还要重点突出历史、文化内涵，还常用数据进行说明。讲究简明、精练。同时，应对当地旅游发展的概况及旅游对地方经济的助力进行扼要介绍。讲解时间应严格按计划控制，严禁随意发挥。

（四）制订接待工作计划

以下是一份政务旅游团接待计划的示例，导游可以根据具体情况进行修改和调整。

1. 接待对象

政务旅游团。

2. 接待时间

[具体时间]

3. 接待人数

[人数]

4. 接待目标

确保政务旅游团的接待工作顺利进行，提供优质的服务和体验，展示本地的旅游资源和文化特色。

5. 接待安排

（1）接机服务：安排专人在机场或车站迎接政务旅游团，并提供接送服务。

（2）住宿安排：根据政务旅游团的需求，安排合适的酒店，并确保酒店设施和服务符合要求。

（3）餐饮安排：提供丰富多样的餐饮选择，包括当地特色菜肴和各种口味的餐点，以满足团员的需求。

（4）旅游行程：根据政务旅游团的兴趣和时间安排，制定合理的旅游行程，包括参观当地著名景点、体验本地文化活动等。

（5）交通安排：提供舒适的交通工具，如旅游巴士或出租车，确保团员在行程中的交通便利。

（6）导游：负责介绍景点、解答问题，并确保团员的安全和舒适。

（7）会议安排：如果政务旅游团有会议需求，安排合适的会议场所，并提供必要的会议设备和服务。

（8）购物安排：根据团员的需求，安排适当的购物时间和地点，介绍当地特色产品和购物场所。

（9）离团送别：在政务旅游团离团时，安排专人送别，并确保团员安全返回。

注意事项如下：

（1）提前与政务旅游团沟通，了解其需求和特殊要求，以便做好相应的安排。

（2）确保接待过程中的安全和保密工作，保护团员的隐私和信息安全。

（3）提供优质的服务和体验，注重细节和个性化需求，让团员感到满意和舒适。

（4）如遇突发情况或问题，应及时与相关部门协调解决，确保接待工作的顺利进行。

（五）落实接待事宜

在熟悉接待计划的基础上，导游应在团队抵达前，与有关部门联系，落实各个方面的接待事宜。

1. 核对接待计划

为防止旅游接待计划的内容过于笼统，或政务旅游团临时更改计划给导游工作上带来不便，导游必须在接团前与相关部门进行联系，以防止工作中出现漏洞。

（1）计划变更。

认真核对接待计划中的各项内容，如有变化，应以最近时段的变更为准，以防止工作出现差错。

（2）相关费用。

在接团之前应该认真地核对政务旅游团的相关费用，并予以认真落实，以免给旅行社带来不必要的损失或是接团中出现被动的场面。

（3）接待细节。

提前沟通：与政务旅游团的负责人或相关联系人提前进行充分的沟通，了解他们的具体需求、行程安排、特殊要求等。这有助于导游做好相应的准备工作。

确定行程：根据政务旅游团的需求和时间安排，与他们共同确定详细的行程。包括参观的景点、活动安排、用餐时间和地点等。确保行程合理、丰富多样，并符合他们的期望。

安排交通：根据行程安排，为政务旅游团提供舒适的交通工具，可以选择租用专业的旅游巴士或安排合适的接送服务，确保车辆干净整洁、安全可靠，并配备经验丰富的司机。

住宿安排：根据政务旅游团的要求，为他们安排合适的住宿。选择符合团队规模和预算的酒店，并确保酒店设施和服务满足他们的需求。提前预订并确认房间，以确保团员的顺利入住。

餐饮安排：根据政务旅游团的口味和饮食习惯，为他们安排合适的餐饮。可以选择当地的特色餐厅或提供自助餐等形式，确保食品质量安全的同时，满足团员的口味需求。

导游服务：导游应具备丰富的知识和良好的沟通能力，能够为团员提供详细的景点介绍和问题解答，确保导游熟悉当地的历史、文化和景点信息。

会议安排：如果政务旅游团有会议需求，为他们安排合适的会议场所，并提供必要的会议设备和服务，确保会议的顺利进行，并满足他们的会议要求。

安全保障：确保政务旅游团在接待过程中的安全，包括提供必要的安全设备、安排专业的安保人员、制定应急预案等，提前了解并告知团员有关安全注意事项。

特殊需求：如果政务旅游团有特殊需求，如医疗保障、特殊饮食要求等，务必提前做好相应的安排，并确保满足他们的特殊需求。

反馈和改进：在接待过程中，及时收集政务旅游团的反馈意见。对于他们提出的建议和意见，要认真对待并及时改进，以提升接待服务的质量。

2. 落实接待内容

在旅游团的接待中，涉及各方面的接待环节，如旅行用车、住房、用餐等事宜都应提前予以落实。

（1）落实接待车辆。

与汽车公司汽车调度员和接团司机进行联系，记清司机的姓名、车号、联系电话，落实好会面时间和地点。

（2）落实住房与用餐。

与宾馆和餐厅进行联系，确认该团的房间准备情况及用餐标准、游客的特殊要求等，同时告知团队抵达的时间，请宾馆餐厅做好准备。

3. 落实游览事宜

（1）对即将要参观的景点要事先了解有关情况，包括景点开放时间、游览最佳路线、游览所需时间、停车场位置、车辆途中行驶时间及途经风光等。

（2）对旅游团在游览中的特殊要求提前与景点联络。

（六）做好个人准备

1. 个人工作必备物品

应准备在工作中需要的有关物品，如相关接待单位的联系电话、接待计划与派团单、导游证、导游旗、接站牌、结算单、现金等。

2. 语言和知识准备

政务团队的导游接待需要使用规范、准确、得体的语言。要使用标准的汉语普通话进行讲解，避免使用方言或口语化进行表达；确保讲解内容无误，不传播虚假或者错误的信息；对于一些专业领域的内容，使用正确的专业术语进行讲解，不谈及政治、宗教、种族等敏感话题。讲解时语速适中，既要保证信息传达清晰，又要避免语速过快导致听众难以跟上。注意抑扬顿挫，使讲解更有吸引力。尊重政务团队的意见和需求，对于团队游客提出的问题要耐心解答。要具备一定的景区景点及相关历史人文的知识储备，确保在政务团队的导游接待工作能够高效、专业地进行。

3. 旅游团需要的物品

因团队的不同要求，需准备的物品也不完全相同，主要有发放给游客的旅游资料，供应范围内的饮用水、水果、手机充电器等。

4. 个人用品

导游为保证或提高服务质量，还应携带一些个人物品。包括形象用品、通信工具及其他生活用品等。导游着装应符合作为"服务人员"的身份，既简洁、整齐大方，又要便于工作。化妆、佩戴首饰要适度，上团必须佩戴胸卡，随身携带导游证副证。

5. 掌握有关部门和相关人员的联系电话

有关部门和相关人员的联系电话包括计调、司机、团队负责人、相关饭店、餐厅、景点，以及查询和应急电话。

任务实施

【相关案例】

一、案例背景

随着国内外交流日益频繁，政务旅行已成为各级政府工作中的重要环节。为确保政务旅行的顺利进行，提高导游服务的质量和效率，本案例将从导游服务的角度，对一次成功的政务旅行进行分析。

二、案例概述

某市政府代表团计划赴某沿海城市进行为期五天的政务考察。考察内容包括城市发展规划、产业升级、文化旅游等方面。为确保此次考察的顺利进行，市政府聘请了专业导游团队提供全程服务。

三、导游服务策略

（一）前期准备

（1）深入了解考察内容，与代表团成员沟通，明确考察重点和需求。

（2）制定详细的行程安排，包括交通、住宿、餐饮、参观考察点等。

（3）准备丰富的背景资料、图片和视频，以便在解说时提供生动形象的展示。

（二）现场服务

（1）提前到达考察点，熟悉环境，并确保各项服务设施正常运行。

（2）在参观考察过程中，提供生动、详细的解说，确保代表团成员能够全面了解考察内容。

（3）关注代表团成员的需求和反馈，及时调整行程和服务方式。

（4）在考察间隙，安排适当的文化体验活动，加深代表团成员对当地文化的了解。

（三）后期跟进

（1）在考察结束后，与代表团成员保持联系，了解他们对导游服务的评价和建议。

（2）针对代表团成员提出的意见和建议，进行反思和总结，不断改进服务质量。

四、案例分析

（1）服务专业性：导游团队具备丰富的专业知识和经验，能够准确把握考察内容和需求，提供有针对性的服务。在解说过程中，导游能够运用生动的语言和形象的展示方式，使代表团成员更加直观地了解考察内容。

（2）服务周到性：导游团队在前期准备中充分考虑到了代表团成员的需求和习惯，制定了合理的行程安排。在现场服务中，导游团队关注代表团成员的细节需求，如饮食、住宿等，确保他们得到舒适的体验。

（3）应变能力：在考察过程中，导游团队能够灵活应对各种突发情况，如天气变化、交通拥堵等，确保考察活动的顺利进行。在遇到代表团成员提出特殊要求时，导游团队能够迅速调整服务方式，满足他们的需求。

（4）文化体验：导游团队在考察间隙安排了丰富的文化体验活动，如参观博物馆、品尝当地美食等，使代表团成员在了解当地经济发展的同时，也能够深入了解当地文化。

五、案例启示

提升专业素养： 导游应不断提升自己的专业素养，了解国内外政治、经济、文化等方面的知识，以提供更加专业、精准的服务。

注重服务细节： 在政务旅行中，导游应关注代表团成员的细节需求，提供周到的服务，确保他们得到舒适的体验。

增强应变能力： 导游应具备较强的应变能力，能够灵活应对各种突发情况，确保考察活动的顺利进行。

加强文化体验： 在政务旅行中，导游应注重文化体验的安排，使代表团成员在了解当地经济发展的同时，也能够深入了解当地文化。

 任务实训

政务旅游不同于其他形式的旅游，在接待前期要做好各项准备工作，确保政务旅游的顺利进行。

场景	背景	任务	实训要点
接待与初步介绍	某市政府代表团计划前往邻市进行为期两天的政务考察活动，旨在学习先进的城市管理经验，并探讨可能的合作机会	接待：学生需模拟导游在机场或火车站接待代表团成员，并引导他们前往酒店。 初步介绍：在前往酒店的途中，导游需简要介绍当地的基本情况，如历史、文化、经济等	接待礼仪要规范，展现出对代表团的尊重。 介绍内容要简洁明了，突出当地特色
城市考察与讲解	代表团抵达酒店后，计划参观当地的市政设施、公园绿地和科技创新园区	行程规划：学生需提前规划好考察路线，确保代表团能够在有限的时间内全面了解当地的发展情况。 现场讲解：在考察过程中，导游需为代表团提供详细、准确的讲解服务，介绍各个考察点的特色亮点	考察路线要合理，避免重复或遗漏重要考察点。 讲解内容要准确、生动，能够吸引代表团的注意力
会议安排与支持	代表团在考察期间，计划与当地政府进行座谈交流，讨论合作事宜	会议安排：学生需协助安排会议场地、布置会场、准备会议资料等。 会议支持：在会议期间，导游需确保会议的顺利进行，如协助签到、传递资料、应对突发情况等	会议安排要细致周到，确保会议的顺利进行。 在会议期间要保持高度警觉，随时应对可能出现的突发情况
晚间文化与社交活动	为了增进双方的了解和友谊，当地政府计划为代表团安排一场晚间文化与社交活动	活动筹备：学生需协助筹备活动场地、准备节目、安排餐饮等。 活动引导：在活动过程中，导游需引导代表团成员参与活动，并介绍当地的文化特色	活动筹备要充分考虑代表团的需求和兴趣。 在活动过程中要热情周到地引导代表团成员参与互动

实训安排如下：

分组： 将学生分成若干小组，每组负责一个模拟场景。

角色扮演： 在实训过程中，学生需分别扮演导游、代表团成员、当地政府工作人员等角色。

模拟演练：每个小组根据模拟场景进行模拟演练，教师或其他小组成员进行观察和评估。

反馈与总结：演练结束后，教师给予反馈和指导，学生总结经验和教训。

政务接待申请单

接待事由		
主要领导及来宾人数		
参培人员		
经办人		年　月　日
分管部长签字	部长签字	
年　月　日		年　月　日

任务评价

学生评价

主要内容	自我评价	
	我学会了	我的问题
政务团接待要求		
政务团特点		
政务团接待礼仪		
落实政务团接待事宜		
政务团接待技巧		
政务团讲解语言要求		
7S 素养体现情况		

教师评价

任务名称	考核项目	考核内容	评分		备注
			分值	得分	
政务团队导游服务	知识准备	认真学习教材，预习新知识	10		
	教学过程	积极参与训练任务，按接待流程制订接待计划，在教学中学习专业技能和相关知识	20		
	训练任务	独立完成训练任务，填写接待行程单	30		
	学习主动性	积极承担学习相关工作任务，实训中主动学习相关专业知识	10		
	7S 素养	遵守实训室及相关场地规章制度，穿着统一服装，按要求进行实训，具备环保意识和良好的行为习惯，保持实训室及相关场地卫生	10		
	纪律性	遵守学习纪律，不迟到、早退，不做与教学无关的事情	20		
总评			100		
评价人签名：			_____年___月___日		

任务四 商务考察团队导游服务

任务描述

　　通过多次的跟团实践，小王已经较熟练地掌握了研学、银发旅游团队等特殊团队的接待常识和技能。旅行社又安排小李参与接待一个当地大型企业的商务考察团策划工作。该团队主要由企业高管和部门负责人构成，一行11人。行程中将对当地的相关企业进行系统调研和考察，为企业间建立合作关系和拓展业务做铺垫。为了更好地完成这次重要的接待任务。小李仔细查阅了本地企业的相关资料和对口企业的资料。他详细列出了接待计划中的要点：

　　1. 收集本地企业的相关资料；

　　2. 和对口企业联系，收集华东优势企业的相关资料；

　　3. 根据客户要求，合理安排行程；

　　4. 拟定考察重点环节；

　　5. 准备考察对象的书面详细资料；

　　6. 制定考察手册。

任务导入

　　北京商务考察旅行团一行11人于5月15日由北京乘某高铁，在16：03抵达长沙火车南站安排入住香格里拉酒店，旅行社派小李进行接待。

　　按照地陪的服务规范进行分析：

　　1. 商务考察团导游的工作程序应该是怎样的？

　　2. 写出致该团抵达长沙市的简短欢迎词；

　　3. 该团抵达酒店后，商务导游如何根据出的团计划开展相应工作？

学习地点

　　模拟导游实训室、室外实训场。

一、商务旅游的概念

商务旅游是指以商务目的为主要目标，结合旅游活动进行的一种出差形式。它是在商务和旅游两个领域的交叉点上产生的一种新型旅游方式，具有多种特点和优势。

商务旅游不仅可以满足企业的业务需求，还可以提升员工的工作能力和综合素质，同时也可以为企业带来更多的商机和发展机会。

二、商务旅游的特点

（一）商务性强

商务旅游是以完成商业任务为主要目标，因此其行程安排、活动内容等都与商业活动有关。这种出差方式通常需要参加各种会议、展览、洽谈等活动，以达到企业经营目标。

（二）时效性强

由于商务活动通常需要在特定时间内完成，因此商务旅游也具有时效性强的特点。这就要求企业安排好行程计划，保证在规定时间内完成任务。

（三）组织性强

由于涉及多个人员、多个部门之间的协调配合，因此商务旅游也具有组织性强的特点。企业需要提前做好各项准备工作，包括行程安排、人员调配、物资准备等，以保证出差任务的顺利完成。

（四）旅游性强

商务旅游不仅是为了完成商业任务，同时也要结合旅游活动。这种出差方式可以让员工在商务活动之余体验当地的文化、美食、景点等，增加生活乐趣和人际交往。

三、商务旅游的优势

（一）拓展市场

商务旅游可以带来更多的商机和发展机会。通过参加各种会议、展览等活动，企业可以与其他企业建立联系，拓展市场，并寻求合作机会。

（二）提升员工素质

商务旅游可以提升员工的工作能力和综合素质。通过参加各种会议、洽谈等活动，员工可以学习到最新的行业知识和技能，并与其他企业进行交流与合作。

（三）增强团队凝聚力

商务旅游可以增强企业内部团队的凝聚力。通过共同经历商务活动和旅游活动，员工之间的沟通和协作能力得到提升，并且彼此之间建立起更为紧密的联系。

（四）提升员工福利

商务旅游可以提升员工的福利。企业可以为员工提供更为优质的住宿、交通和餐饮服务，同时也可以让员工在旅游活动中放松身心，增加生活乐趣。

四、商务旅游的适用范围

（一）企业出差

商务旅游适用于企业出差。企业可以通过参加各种会议、展览等活动，拓展市场并找到合作机会，同时也可以提升员工素质和团队凝聚力。

（二）政府考察

商务旅游适用于政府考察。政府官员可以通过走访各地企业和景区，了解当地经济发展情况和旅游资源，并与当地政府进行交流和合作。

（三）学术交流

商务旅游适用于学术交流。学者们可以通过参加各种学术会议和研讨会，了解最新的研究成果并与其他学者进行交流与合作。

五、商务旅游的注意事项

（一）行程安排要合理

商务旅游行程安排要合理。企业需要根据实际情况制订出差计划，合理安排时间和活动内容，以保证任务的顺利完成。

（二）费用管理要规范

商务旅游费用管理要规范。企业需要制定出差费用报销标准，并对员工的出差费用进行监管和审核，以防止出现浪费。

（三）安全保障要到位

商务旅游安全保障要到位。企业需要为员工提供安全保障措施，包括住宿、交通、食品卫生安全等方面的保障，以避免发生意外事件。

（四）文化礼仪要注意

商务旅游文化礼仪要注意。企业需要为员工提供相关文化礼仪知识，并教育员工在不同场合下如何表现得得体、大方。

六、商务旅游的未来发展趋势

（一）个性化服务将成为主流

未来商务旅游将更加注重个性化服务。企业需要根据员工的需求和喜好，量身定制出差计划，并提供个性化服务，包括住宿、餐饮、娱乐等方面的服务。

（二）数字化技术将得到广泛应用

未来商务旅游将更加数字化。企业需要利用互联网、大数据等技术，为员工提供更加便捷的出差服务，包括预订机票、酒店、租车等方面的服务。

（三）环保可持续发展将成为重要议题

未来商务旅游将更加注重环保可持续发展。企业需要在出差过程中减少对环境的影响，包括减少能源消耗、减少废弃物产生等方面的措施。

总之，商务旅游是一种新型的出差方式，具有多种特点和优势。未来商务旅游将更加注重个性化服务、数字化技术和环保可持续发展，为企业带来更多的商机和发展机会。

七、商务考察团

商务考察通常是指对企业经营有关的行业或者企业进行参观、交流、考察，在企业的技术、市场、生产、竞争、投资、战略合作等众多领域中，实现建立联系、经验交流、对口合作等目标的商业活动。

商务考察团的特点如下：

（一）时间紧凑

商务考察团的运行涉及面众多，一般预约需要提前1个月左右。从成本来考虑，预订得越早，机票、住宿成本就越低；从接待质量来考虑，预订得越早，在全陪、地陪、用车的配置上就越优先。同时，因商务考察团行程特殊，目的性强，提前筹备会预留出有效的应变时间。

（二）目的明确

商务考察的预约与接待，完全取决于受访企业的态度，而对方的态度取决于我们考察的目的、人员职务结构构成及接待时间的选择。所以与受访企业对接时，一定要明确拜访的详细目的、与对方的直接关联并附上出团人员的详细名单。

（三）讲究规格

商务考察团的接待应注意服务规格，在厉行节约、合理支出的前提下，导游应提前准确掌握团队的整体预算，须事先明确餐饮、住宿及接待的标准。

（四）重视成效

商务考察团在出行前已经拟定明确的目标，考察中应针对此目标进行系统的调研和考察，忌走马观花。旅行社接待的成败也在于考察目标是否圆满实现。

八、商务考察团讲解注意事项

（1）熟悉考察目的和成员背景：导游应了解商务考察团的考察目的、成员的职业背景和兴趣，以便为他们提供更为精准的讲解内容。

（2）做好充分准备：导游应对目标企业或市场进行深入研究，并结合商务考察团成员的需求，为他们提供有针对性的讲解内容。

（3）提供个性化服务：根据商务考察团成员的需求和兴趣，导游可以提供个性化的讲解服务，包括解答疑问、分享经验等。

（4）注重交流沟通：导游不仅要为商务考察团提供讲解服务，还要与他们建立良好的沟通关系，以便更好地了解他们的需求和意见。

（5）提供后续服务：在商务考察结束后，导游可以继续为考察团成员提供必要的支持和协助，促进他们与当地企业或市场的合作。

 任务实施

【案例一：高效专业的商务考察之旅】

一、背景介绍

某跨国公司计划在中国进行一次为期五天的商务考察，旨在了解中国市场，寻找潜在的合作机会，并加深与现有合作伙伴的关系。

二、导游服务设计

（一）前期准备

深入了解需求：导游与商务团队紧密沟通，了解他们的考察目的、兴趣点、预期成果等，确保行程安排符合团队需求。

精心策划行程：根据团队需求，设计合理的行程路线，确保能够覆盖所有重要考察点，并预留足够的时间进行商务洽谈。

准备相关资料：收集并提供与考察点相关的背景资料、行业报告等，帮助团队更好地了解当地市场和行业状况。

（二）现场服务

专业讲解：在考察过程中，导游提供专业的讲解服务，介绍考察点的特色、优势，以及潜在合作机会，帮助团队深入了解当地市场。

商务协助：协助团队与当地合作伙伴进行商务洽谈，确保双方能够充分交流并达成合作意向。

时间管理：合理安排团队在各考察点的停留时间，确保行程紧凑而有序，避免浪费时间。

（三）后期总结

反馈收集：考察结束后，收集考察团队对导游服务的反馈意见，以便后续改进和提高服务质量。

经验总结：对本次商务考察进行总结，分析导游服务中的成功之处和不足之处，为今后的商务考察提供参考。

三、案例分析

本次商务考察之旅中，导游的服务起到了至关重要的作用。通过深入了解团队需求、精心策划行程、提供专业讲解和商务协助等服务，导游帮助团队深入了解了中国市场，并成功与多个潜在合作伙伴建立了联系。同时，导游的贴心服务和时间管理能力也得到了考察团队的高度评价。

【案例二：文化融合型商务考察之旅】

一、背景介绍

某文化创意公司计划前往欧洲某国家进行为期一周的商务考察，旨在了解当地的文化创意产业，寻找合作机会，并加深与当地同行的交流。

二、导游服务设计

（一）文化体验

文化介绍：在考察过程中穿插文化介绍，包括当地的历史、文化、艺术等方面，让商务考察团队在了解市场的同时也能感受当地的文化氛围。

文化体验活动：安排商务考察团队参观当地的文化创意园区、艺术展览、博物馆等，让商务考察团队深入体验当地的文化创意产业。

（二）商务交流

合作伙伴对接：提前与当地的合作伙伴进行对接，为商务考察团队争取更多的交流机会和合作资源。

行业研讨：组织团队参加当地的行业研讨会或论坛，与业内专家进行深入交流和探讨。

（三）跨文化沟通

语言支持：提供多语种服务，确保商务考察团队在与当地合作伙伴交流时能够沟通顺畅。

礼仪指导：为商务考察团队提供当地的商务礼仪指导，帮助商务考察团队更好地融入当地商务环境。

三、案例分析

本次商务考察之旅中，导游不仅提供了专业的商务服务，还注重了文化融合和跨文化沟通。通过安排文化体验活动和行业研讨，导游帮助商务考察团队深入了解当地的文化创意产业和市场环境，同时也为团队提供了与当地合作伙伴深入交流和探讨的机会。这种文化融合型的商务考察之旅不仅提高了商务考察团队的工作效率，也增强了商务考察团队的凝聚力和跨文化沟通的能力。

 任务实训

商务考察团队不同于其他形式的团队旅游，在接待前期要做好准备工作，确保商务考察旅游的顺利进行。同学们，让我们一起练起来吧！

商务考察旅行场景实训

一、实训目标

让学生了解商务考察中导游服务的核心职责和重要性，培养学生作为导游在商务考察中的服务意识、沟通能力和应变能力。

加深学生对商务礼仪、跨文化交流和行程规划的理解。

二、实训场景设计

假设某公司计划前往某省会城市进行为期五天的商务考察，目的是了解当地市场、参观相关企业和参加行业会议。学生将分组扮演导游角色，为模拟的商务团队提供导游服务。

三、实训分组与角色分配

学生分组：将学生分成若干小组，每组4~5人。

角色分配：每组内部分配以下角色：

（1）导游组长：负责统筹协调，确保导游服务流程顺畅。

（2）商务导游：负责提供商务考察相关的导游服务，如行程讲解、商务礼仪指导等。

（3）文化导游：负责介绍当地的文化、历史背景，帮助商务团队更好地融入当地环境。

（4）应急处理员：负责应对可能出现的突发情况，如行程变动、语言沟通障碍等。

四、实训流程

（一）前期准备阶段

教师介绍实训目标和场景背景，明确导游在商务考察中的职责和要求。

学生分组并进行角色分配，了解各自职责。

各组讨论并制订商务考察的初步行程计划，包括考察目标、行程安排、预算等。

（二）商务考察阶段

教师模拟商务团队成员，提出考察需求和问题。导游组根据行程计划为商务团队提供导游服务，包括机场接送，介绍当地概况和交通情况；参观企业，提供专业的企业介绍和讲解服务；参加行业会议，协助商务团队与参会者建立联系；提供文化体验活动，如参观历史遗迹、品尝当地美食等。在考察过程中，导游组需随时应对可能出现的突发情况，如天气变化、行程变动等，并灵活调整行程计划。

（三）后期总结阶段

导游组对商务考察过程进行内部总结，评估服务质量和效果，分析存在的问题和不足。

导游组向全班汇报考察过程和成果，分享经验和教训，特别是作为导游在商务考察中的体会和收获。

导师对实训过程进行点评和总结，提出改进建议，并鼓励学生在今后的实践中不断提升导游服务水平。

五、实训评估

服务意识：评估学生在实训中是否具备良好的服务意识，能否主动为商务团队提供周到的服务。

沟通能力：评估学生在与商务团队沟通时的表现，包括语言表达能力、倾听能力和理解能力。

应变能力：评估学生在面对突发情况时的应变能力，包括问题识别能力、决策能力和行动力。

团队协作：评估学生在实训中的团队协作精神和团队凝聚力，以及能否与团队成员有效配合完成任务。

六、注意事项

学生在实训过程中需保持专业的精神和态度，认真对待每一个任务和细节。

各组在实训过程中需加强沟通和协作，确保导游服务流程顺畅进行。

实训结束后，导师需对实训过程进行全面评估和总结，为今后的实训提供参考和改进方向。

商务接待安排如表4-4-1所示。

表4-4-1 商务接待安排

议题				
会议室			到访时间	
准备事项	欢迎词			
	名牌			
	水果			
	茶水			
	咖啡（杯数）			
部门			费用归属部门	
参会人员	接待人员			
会议主要议程				
住宿安排 是（ ）否（ ）	酒店		地点	
	标间（ ）大床房（ ）		游客支付（ ）公司支付（ ）	
	负责人		联系电话	
就餐安排 是（ ）否（ ）	餐厅		地点	
	就餐人数	游客（ ）人、陪同（ ）人。共（ ）人		
	酒水情况		用车安排	
	陪同人员			
送客安排 是（ ）否（ ）	客人车次航班			
	送客时间		送达地点	
	用车安排		联系人电话	
伴手礼（请选择）				

任务评价

学生自评

主要内容	自我评价	
	我学会了	我的问题
商务考察团特点		
商务考察团优势		
商务考察团适用范围		
商务考察团注意事项		
商务考察团的发展趋势		
商务考察团讲解要求		
7S 素养体现情况		

教师评价

任务名称	考核项目	考核内容	评分		备注
			分值	得分	
商务考察团队导游服务	知识准备	认真学习教材，预习新知识	10		
	教学过程	积极参与训练任务，按接待流程制订接待计划，在教学中学习专业技能和相关知识	20		
	训练任务	独立完成训练任务，填写接待行程单	30		
	学习主动性	积极承担学习相关工作任务，实训中主动学习相关专业知识	10		
	7S 素养	遵守实训室及相关场地规章制度，穿着统一服装，按要求进行实训，具备环保意识和良好的行为习惯，保持实训室及相关场地卫生	10		
	纪律性	遵守学习纪律，不迟到、早退，不做与教学无关的事情	20		
总评			100		
评价人签名：			____年___月___日		

任务五　定制团队导游服务

 任务描述

　　定制旅游（Customer-Designed）完全为游客量身定制，一人成团，专车专导。游客可以自己任意安排出行时间，入住自己喜爱的酒店，乘坐自己喜好的车辆，想去哪就去哪，想吃什么就吃什么，想玩什么就玩什么，只要游客有想法，定制旅游都将竭尽全力满足其要求，真正做到随心所欲。

　　私人定制旅游是国外非常流行的一种旅游方式，是根据游客的需求，以游客为主导进行旅游行动流程设计。通俗地说，就是根据自己的喜好和需求定制行程的旅行方式。这种模式在业界的特点就是弱化了或者去除了中间商，能够给游客带来最个性化的服务。目前，私人定制旅游已经引入中国，正处于发展阶段。

　　定制旅游衍生出一种更高形态的旅行方式，创意高端私人定制旅游。早期的定制旅游对游客有较高的要求，一般需要游客对旅行目的地有一定的了解和认识，并自行提出初步的旅行方案。而欧美主流的创意定制旅游则更加注重享受。游客并不需要对目的地有太多的了解，甚至可以不明确目的地，只需要创意定制的服务机构了解游客的个体特征目录，如兴趣爱好、出行人的情况和预算等，即可为出行人创造出一系列极具特色的创意行程。例如，针对喜欢冒险的游客，设计出 007 新邦德角色真实体验之旅；再如，针对单身出行的男女，设计推出莎翁式英伦浪漫交友之旅；又如，针对全家出行的群体，设计出爸爸去哪儿等亲子行程。

　　在旅行社经营管理中，也有意要做定制旅行项目，将定制旅行市场作为拓展重点。小王需要了解定制旅行团队运作的相关资料。于是，在部门经理的指导下，她详细拟订了下一步的工作（学习）计划：

　　1.收集国际、国内典型定制旅行产品的资料，掌握定制团队的产品设计原则；

　　2.了解本地定制团队旅行现状及规模。

　　本任务主要针对定制团队的导游工作程序。同学们，让我们一起开启定制团队导游服务的旅程吧！

 任务导入

　　北京4人（2男2女）定制旅行团于9月15日由北京乘某高铁在15：25抵达承德，入住4星酒店标准房间，承德春秋旅行社派小王进行接待。

　　按照定制团队导游的服务规范进行分析：

1. 定制团队导游的工作内容应该是怎样的？
2. 写出致该团抵达承德市的简短欢迎词；
3. 该定制团队抵达后，导游如何根据出团计划开展相应工作？

 学习地点

模拟导游实训室、室外实训场。

<<< ZHISHI ZHUNBEI
>>> 知识准备

一、定制旅游的兴起

定制旅游最早开始于自助游，一方面，受到生活水平、受教育程度提高，交通条件改善和其他内外因的影响，游客对旅游内容的要求越来越高，行程的安排也日益个性化。而传统的旅游企业所提供的产品和服务已经很难涵盖所有游客的需求，因此，游客需求和旅游企业提供的产品之间形成了巨大的空隙，这给定制旅游的出现提供了机会。游客在旅游网站搜索旅游目的地的信息，选择自己喜欢的旅游目的地。旅游网站的新闻资讯、出游常识、景点介绍及交通住宿等方面的信息，都为游客提供了他们最想要了解的内容。另一方面，旅游企业服务质量的下降导致旅行社在降低价格的同时也在减少旅游成本，降低服务质量，使国内旅游行业陷入一种价格战的恶性循环，从而使旅行者丧失依托旅行社的兴趣与信任。

基于市场的原因，定制旅游概念在业内已经逐步兴起，不少机构开始涉足其中。但是，很多机构大有"挂羊头卖狗肉"的嫌疑，组团社打着定制旅游的旗号，实际还是出售标准旅游的产品，原则、目录还是停留在概念上，目的仅仅是有了一个将利益做大的理由。初级阶段出现的很多问题显然不是定制旅游本身所引起的，问题在于对定制旅游产品的服务流程的理解和实施。

二、定制旅游的类型

定制旅游有以下三种类型：
（1）单项组合定制，如自由行的机票＋酒店。
（2）主题定制，如奢华旅游，有具体行程和主题，其实就是针对小众的特色旅游线路。
（3）完全 C2B 定制，客人提出具体需求，商家对接。

三、定制旅游的特征

与传统旅游方式相比，定制旅游具有以下特征：

（一）基于游客角度的特征

1. 彰显个性化特征

定制旅游不仅使游客享受到高质量的旅游产品和服务，而且提供了游客"我喜欢的"或"单独为我定制的"产品与服务，从而使游客的个性化需求得到最大限度的满足。

2. 参与度增强

定制旅游产品的设计与交付往往是同时进行的。定制的过程就是收集顾客偏好信息、邀请顾客参与产品或服务设计，以便快捷、高效地为顾客提供他们最想要的产品或服务的动态过程。

3. 满意度提高

顾客参与定制产品或服务的设计可以让顾客认为这些产品或服务确实是按照他们的偏好设计和生产的，从而可以大大提高他们的满意度。在其他条件相同的情况下，有顾客积极参与生产的产品或服务更容易被顾客所接受，同时也更容易提高顾客的满意度。

（二）基于旅游企业角度的特征

1. 服务全面化

在定制旅游的实施中，企业必须着眼于顾客终身价值服务，最大限度地提供满足客户要求的服务方式，形成与游客长期而稳定的服务关系。以旅游线路的设计为例，前期阶段，旅游企业应派出相关人员进行实地考察，以及制定旅游路线的安排预案，以确保游客在旅游过程中能真正地享受定制旅游的个性化周到服务。每次旅游行程结束后，要有专门的人员对游客进行满意度调查追踪，以充实客户数据库，并从中及时地发现旅游产品的设计缺陷，为今后的旅游运作提供有利条件，以便在未来更有效地满足不同客户的个性化需求，从而制定出更成熟的定制旅游方案。

2. 定位精准化

定制是以满足顾客的个性化需求为存在条件的。作为顾客的价值判断，会更多地考虑商品能否满足其与众不同的个性化心理需要。定制旅游的突出特征是将每个游客都作为独一无二的微观目标市场，通过最大限度地满足游客个性化的需要，凸显对其个性需要的关怀。

3. 产品模块化

实现定制旅游的最好办法是建立能配置多种最终产品和服务的模块。定制并不是无限的选择，而是通过提供适当数量的标准件，进行成千上万种搭配，最终形成组合的特殊性产品。这既可给顾客一种无限选择的感觉，又使复杂的制造程序得到有效的管理。

四、定制旅游的误区

（一）定制旅游等同于高端奢华旅游

许多人认为定制旅游就意味着是"高价旅游""奢华旅游"，这实际是人们观念认识上的误区。可能有个别旅游企业在做定制旅游产品时打着所谓"私人定制"的旗号并一厢情愿地将定制旅游定位于高价格、高规格，以至于普通大众望而却步，因此产生认识上的误区。事实上，定制旅游的核心在于针对游客的个人差异化需求而定制，不一定都是高端、高价、奢侈夸张的，但它一定要是更高品质的享受和更深度的体验。

（二）定制旅游就是另类旅游

定制旅游不等同于另类旅游。有人认为定制旅游就是极其夸张、标新立异、冒险出位、完全超越普通人的心理承受极限。事实上，定制旅游绝对不是追求另类，是在游客心理承受范围内的"不走寻常路"。即使是常规旅游景点，定制旅游也能通过内容设计的出奇制胜让人惊呼"原来也可以这样"。

（三）定制旅游局限于小众旅游

目前专门做定制旅游产品开发的旅游企业较少，人们的观念还没有转变，认知度不高，受众群也比较局限，市场上推出的定制产品也较少，但定制旅游绝不局限于小众范围。当人们观念转变，条件具备，定制旅游将成为大众旅游的新型模式。

五、定制旅游与相关旅游形式的异同

（一）"一对一营销"理论

1. "一对一营销"理论含义

根据营销学者对于"一对一营销"的认识，"一对一营销"的概念可以表述为企业根据不同顾客的需要，以信息技术为支撑，分别设计不同的产品并提供相应的个性化服务的营销模式。

2. 定制旅游与"一对一营销"理论的关系

"一对一营销"理论作为定制旅游营销的理论基础，使定制旅游在营销经营层面成为可能。作为一种极具潜力的营销模式，"一对一营销"是定制旅游发展的基本模式之一。定制旅游则是在旅游产品营销方面将"一对一营销"理论付诸实践，即"一对一营销"为定制旅游的应用提供了理论前提，定制旅游以"一对一营销"理论为手段进行营销推广。

（二）定制旅游与大众旅游

1. 大众旅游

大众旅游主要是指游客在旅行社的组织和安排下，借助各类旅游企业提供的产品和服务按照规定的时间、线路和活动的内容，有计划地完成全程旅游活动。

2. 大众旅游与定制旅游的关系

从当前发展阶段来看，大众旅游是在广大旅游民众中占支配地位的旅游形式，而定制旅游则是面向一部分个性化需求突出的旅游群体。在传统的大众旅游中，游客只是被动地参与，无暇顾及自己的个性需求，旅游活动较为程式化。相比之下，当前的游客则追求个性化的旅游经历，旅游活动更加柔性化。同时，为了与大众旅游相适应，旅游企业往往采用大规模旅游产品生产方式，而定制旅游则是体现了个性化的生产模式。

（三）定制旅游和自助游

1. 自助游

在中国，自助游是最近 10 多年才兴起的新兴旅游形式。在社会急速转型中，自助游正在走向发展壮大，游客由自助的理念接受阶段跨入了尝试体验阶段。自助游的特征是游客完全自主选择和安排旅游活动，且没有全程导游陪同的一种旅游方式，侧重于"自主与自由"。

2. 定制旅游和自助游的关系

相对而言，定制旅游比自助游更精致。定制旅游不仅拥有自助游所具备的时间宽松、相对自由等特点，而且还在行程中添加了很多只属于目标游客的元素和创意，能够让游客感觉到"量身定做"的优势。

六、定制团队旅游导游服务内容

（1）导游讲解服务：包括在目的地旅行期间为游客提供沿途讲解服务，以及在参观游览现场进行导游讲解。此外，还包括在座谈、访问或其他参观点提供口译服务。当游客在参观一个城市或者景点，想要了解当地的文化背景和历史故事时，这就要求导游应该具备专业的知识并且能够清晰流畅地进行讲解。导游还应该具备良好的沟通能力和服务意识，能够根据客户的需求进行讲解，并且能够及时回答客户提出的问题。

（2）旅行生活服务：涉及游客的入出境迎送、旅途生活中的照料、安全服务等，以及与当地接洽的联系工作。导游可以根据游客的兴趣爱好来决定每个景区的停留时间，并且在行程中随时调整计划。

如果遇到一些紧凑型行程或者特别热门景点需要提前预约等情况，旅行社及导游需要有良好的资源渠道帮助游客解决困难，以确保游客在旅途中能够尽情享受和体验。

（3）市内交通服务：指导游同时兼任驾驶员为游客在市内和市郊提供交通服务。导游要根据客户的预算和需求进行合理的安排，并且提供相应信息，避免出现额外的其他费用支出。

（4）其他职责：导游需要确保游客的人身和财物安全，处理可能出现的突发事件，并能够提供相应的延伸服务，还需耐心解答产品，精细管理。

（5）具体任务：导游需要按照旅行社与游客签订的合同或约定，按照接待计划安排和组织游客的参观、游览。他们还应该向游客提供文化教育和旅游资源的信息，并协调相关接待单位的工作。此外，导游还应负责翻译、讲解和其他向导服务，及时处理旅途中可能出现的问题，并在必要时保护游客的安全。

定制团队旅游导游服务是一个涉及多方面的工作，涵盖了从规划到执行的各个方面，以确保游客在整个旅程中获得优质的体验和服务。

任务实施

通过具体案例分析，学生能够全面理解定制旅行团队导游服务的实质，并提升在实际工作中的服务能力和水平。

【案例一：高端商务考察团欧洲定制游】

一、案例背景

某知名企业组织了一批高管临时进行为期一周的商务考察，目的是了解产品市场、参观知名企业并参加行业会议。

二、导游服务准备

（1）深入了解客户需求，制订详细的行程计划，包括商务活动、文化体验等。

（2）提前预订机票、酒店、交通工具等，确保行程的顺利进行。

（3）对导游进行专业培训，包括商务礼仪、欧洲文化、语言沟通等。

三、导游服务实施

（1）在机场提供接机服务，向客户介绍团队导游和行程安排。

（2）在考察过程中，提供专业的讲解服务，协助客户与当地企业建立联系。

（3）根据客户需求及时调整行程，确保客户满意。

（4）应对可能出现的突发情况，如天气变化、交通延误等。

四、总结与反馈

（1）通过客户满意度调查了解服务效果，收集客户反馈。

（2）评估导游服务质量，总结经验教训。

（3）分享成功案例和最佳实践，为今后的导游服务提供参考。

【案例二：家庭亲子定制旅行团陕西游】

一、案例背景

某家庭组织了一次亲子旅行，前往陕西体验当地文化和风俗。

二、导游服务准备

（1）了解家庭成员的年龄、兴趣、身体状况等，制订适合家庭的行程计划。

（2）提前预订适合家庭的住宿、交通工具和景点门票。

（3）对导游进行家庭亲子旅行相关知识的培训。

三、导游服务实施

（1）在机场或火车站提供接站服务，向客户介绍团队导游和行程安排。

（2）在旅行过程中，提供亲子活动建议，如亲子游戏、手工制作等。

（3）关注家庭成员的安全和健康，确保旅行顺利进行。

（4）应对可能出现的突发情况，如孩子生病、丢失等。

四、总结与反馈

（1）通过家庭反馈了解服务效果，收集家庭成员的建议和意见。

（2）评估导游服务质量，针对家庭旅行特点提出改进建议。

（3）分享家庭亲子旅行的成功案例和经验教训，为今后的导游服务提供参考。

五、结论

通过以上两个案例分析，可以看出定制旅行团队导游服务的重要性和复杂性。在实际操作中，导游需要充分了解客户需求，制订个性化的行程计划，提供专业的导游服务，并应对可能出现的突发情况。同时，导游还需要不断总结经验教训，持续改进和创新，以提升服务质量和客户满意度。

 任务实训

定制团队导游的工作涉及旅行的各个方面，相比较于普通导游更考验专业能力。只有通过不断地训练，自己的旅游接待能力才会有所提升，接下来让我们一起来尝试完成定制旅行团队的服务吧。

定制旅行场景一：文化探索之旅

一、背景设定

一个由历史爱好者和学者组成的定制旅行团队计划前往中国古代文化名城进行为期一周的文化探索之旅。他们希望深入了解当地的历史文化、古迹遗址，以及当地特色的文化艺术。

二、实训内容

客户需求分析：分析团队成员的文化背景和兴趣，确定文化探索的重点和深度。

行程规划：规划涵盖古迹遗址、博物馆、文化艺术展览的行程，安排专家讲座和互动体验活动。

导游服务模拟：模拟导游为旅行团队提供专业的历史文化讲解，引导团队深入探索文化古迹，解答团队成员的问题。

特色活动：设计如书法体验、茶艺表演、传统手工艺制作等特色文化活动，增强团队的文化体验。

定制旅行场景二：自然探险之旅

一、背景设定

一群热爱自然和户外运动的旅行者计划前往某自然保护区进行为期五天的自然探险之旅。他们希望亲近自然、体验户外探险的乐趣，并了解当地的生态保护工作。

二、实训内容

客户需求分析：了解团队成员的户外运动能力和兴趣，确定探险活动的难度和类型。

行程规划：规划涵盖徒步、露营、观鸟、野生动物观察等户外活动的行程，确保行程的安全性和趣味性。

导游服务模拟：模拟导游为旅行团队提供专业的户外探险指导，确保团队成员的安全和舒适，解答团队成员的问题。

生态保护教育：在行程中融入生态保护教育，介绍当地的生态环境和物种保护情况，提高团队成员的环保意识。

定制旅行场景三：美食体验之旅

一、背景设定

一群美食爱好者和厨师计划前往某著名美食城市进行为期三天的美食体验之旅。他们希望品尝当地特色美食、了解美食文化和制作过程，并学习一些烹饪技巧。

二、实训内容

客户需求分析：了解团队成员的美食口味和兴趣，确定美食体验的重点和类型。

行程规划：规划涵盖当地著名餐厅、美食市场、烹饪学校的行程，安排品尝当地特色美食和学习烹饪技巧的活动。

导游服务模拟：模拟导游为团队提供专业的美食介绍和推荐，解答团队成员关于美食的疑问，引导团队体验美食文化。

烹饪实践：在烹饪学校或餐厅后厨，提供烹饪实践机会，让团队成员亲自动手制作当地特色美食，从而提升他们的烹饪技能。

以上 3 个场景的实训要求如下：

（1）学生分组进行实训，每组 4~5 人。

（2）每个组选择一种定制旅行场景进行模拟实训。

（3）在实训过程中，学生需要充分发挥团队协作能力，共同完成任务。

（4）实训结束后，每个组需要提交实训报告，总结实训过程中的经验和教训。

 任务评价

学生自评

主要内容	自我评价	
	我学会了	我的问题
定制旅游的概念		
定制旅游的类型		
定制旅游的特征		
定制旅游的误区		
定制旅游与其他旅游的不同		
定制团队旅游导游服务内容		
7S 素养体现情况		

教师评价

任务名称	考核项目	考核内容	评分		备注
			分值	得分	
定制团队导游服务	知识准备	认真学习教材，预习新知识	10		
	教学过程	积极参与训练任务，按接待流程制订接待计划，在教学中学习专业技能和相关知识	20		
	训练任务	独立完成训练任务，填写接待行程单	30		
	学习主动性	积极承担学习相关工作任务，实训中主动学习相关专业知识	10		
	7S 素养	遵守实训室及相关场地规章制度，穿着统一服装，按要求进行实训，具备环保意识和良好的行为习惯，保持实训室及相关场地卫生	10		
	纪律性	遵守学习纪律，不迟到、早退，不做与教学无关的事情	20		
总评			100		
评价人签名：			_____年___月___日		

训练五

特色旅游导游技能训练

素养目标 →

1. 培养学生对导游职业岗位的认同感，提高学生的职业道德水平；

2. 通过课程学习，培养学生的知识探究能力、团结协作能力和创新意识；

3. 培养学生的爱国主义情怀、生态保护意识和工匠精神；

4. 启发学生对中国传统文化的认同和尊重，扩展学生在文学、天文、历史、地理等方面的知识，培养学生的审美能力和文化素养。

知识目标 →

1. 了解特色旅游的特征及对导游服务的要求；

2. 掌握特色旅游中导游的服务程序和要领；

3. 掌握不同特色旅游中导游讲解的技法；

4. 掌握特色旅游导游过程中常见突发事件的处理原则和办法。

能力目标 →

1. 能够掌握不同特色旅游团队的特征；

2. 能够熟练运用特色旅游的导游语言；

3. 熟悉特色旅游团队的服务程序和要领；

4. 能够完成导游词的编写任务；

5. 能够顺利完成特色旅游团队的讲解任务。

任务一　探险旅游

任务描述

　　探险旅游是一种独特的旅游方式，导游在这个过程中扮演着重要的角色。为了确保游客的安全，以及为游客提供高质量的旅游体验，导游需要具备扎实的专业技能和知识。有些人长期居住于繁华的城市，很想找一个幽静而富有刺激的场所体验探险乐趣。如乘气球环球旅行，驾滑行器飞渡海峡，驾游艇周游世界，乘独木舟横渡大西洋等。而以科学考察为主要目的的探险旅游，种类繁多，如高山探险旅游、沙漠探险旅游、海洋探险旅游、森林探险旅游、洞穴探险旅游、极地探险旅游、追踪野生动物探险旅游、寻找人类原始部落探险旅游等。同学们，让我们一起开启探险之旅吧！

任务导入

　　李明和王丽是两位经验丰富的导游，他们负责带领一支由 10 名游客组成的团队，前往神秘岛进行为期 5 天的探险旅游。神秘岛以其独特的自然景观和丰富的文化背景而闻名。按照特色旅游导游的服务规范进行分析：

　　1. 游客们可能会选择哪些活动？请为游客们提供一些建议，并解释这些建议如何帮助他们更好地体验神秘岛；

　　2. 探险活动包括哪些项目？请评估这些活动对游客体能和技能的要求，并提出如何确保游客的安全。

学习地点

　　模拟导游实训室、室外实训场。

>>> 知识准备

一、探险旅游的概述

（一）探险旅游的定义与特点

1. 探险旅游的定义

探险旅游是指旅游主体采用个体或团队的形式到一个相对遥远、原始的地方，进行各种户外旅游甚至是求生活动。探险旅游有别于常规旅游，它并不绝对依托于常规的旅游设施，也并不以大众旅游线路和旅游资源为客体。探险旅游的形式多样，内容丰富，主体性和参与性强，游客能在对各种活动的投入中得到丰富、深刻的心灵体验。

2. 探险旅游的特点

（1）自主参与性和体验差异性。探险游客可根据自己的特殊需求，选择适合自己的探险体验方式。由于游客个人体质、智力、情感及旅游需求的差异，不同的游客可获得不同的探险体验、情感经历和心灵经历。

（2）挑战性和刺激性。探险旅游是充满神秘性、危险性和刺激性的旅行考察活动。游客能在对各种活动的投入中得到丰富、深刻的心灵体验。

（二）探险旅游的发展历程与趋势

探险旅游是一种追求冒险和探索未知领域的旅游方式，它有着悠久的发展历史和广阔的市场前景。探险旅游经历了不同阶段的发展，其在起源与早期发展、工业革命与旅游业的结合、探险俱乐部的兴起、环保主义的影响、全球化和互联网的推动、专业化与定制化趋势以及极限运动与探险旅游的融合等方面都呈现出独特的特点和趋势。

1. 起源与早期发展

探险旅游的起源可以追溯到19世纪末到20世纪初，当时一些富有冒险精神的人开始尝试探索地球上尚未被开发的地区。早期的探险游客多为富裕的探险家、科学家或冒险家，他们常常需要穿越危险的地形和克服艰苦的环境来满足对未知事物的好奇心。

2. 工业革命与旅游业的结合

工业革命对旅游业产生了深远的影响。随着科技的进步和交通工具的发展，人们可以更加便捷地到达遥远的地方。旅游业与探险旅游的结合，为探险旅游提供了更多的机会和发展空间。工业革命时期的探险旅游产品主要包括狩猎远征、登山冒险、皮划艇漂流等。

3. 探险俱乐部的兴起

探险俱乐部的出现和发展是探险旅游的一个重要里程碑。这些俱乐部为探险爱好者提供了一个平台，让他们可以在安全的环境下体验探险的乐趣，同时也可以结交志同道合的朋友。探险俱乐部在当代社会中仍然扮演着重要的角色，它们不仅为俱乐部会员提供探险活动，还通过组织各种公益活动和环保项目，积极履行社会责任。

4. 专业化与定制化趋势

随着探险旅游的不断发展，专业化与定制化成为其主要的发展趋势。越来越多的探险旅游公司开始提供专业化的服务，包括专业的导游、装备和保险等。此外，定制化服务也受到越来越多的游客欢迎，公司可以根据游客的需求和偏好，为他们量身定制探险旅程。这种专业化与定制化的趋势不仅可以提高游客的满意度，也可以为探险旅游公司带来更多的商机。

5. 极限运动与探险旅游的融合

极限运动与探险旅游的融合为探险旅游注入了新的活力。极限运动如攀岩、冲浪、滑雪等具有较高的挑战性和刺激性，正符合探险旅游的特点。越来越多的探险旅游公司开始将极限运动元素融入探险旅程中，例如，在南极冲浪、在亚马孙河上漂流等。这些活动不仅能让游客体验到惊险刺激的感受，也能让他们在探险过程中收获独特的成就感和回忆。

随着社会的不断进步和科技的发展，探险旅游必将继续创新和发展，为游客带来更多新奇、刺激和有趣的体验。

（三）探险旅游导游的角色与职责

探险旅游导游是探险旅游活动中不可或缺的重要角色。他们不仅负责规划旅游行程、确保游客安全，还肩负着传授知识、保护环境、处理人际纠纷和进行紧急救援等责任。本节将详细介绍探险旅游导游在各个方面的角色与职责。

1. 行程规划

探险旅游导游在行程规划方面的职责主要包括选择景点、安排时间和设计路线。导游需要根据旅游目的地的特点和游客的需求选择具有挑战性和吸引力的景点。同时，导游还需要确保行程安排合理，能留出足够的时间供游客游览和体验。此外，导游还需要根据景点的分布情况，设计合理的路线，确保游客能够充分了解和欣赏旅游目的地的风光。

2. 安全保障

探险旅游导游在安全保障方面的职责非常重要。他们需要采取各种措施确保游客的安全，包括以下四点：

（1）提前了解旅游目的地的安全风险程度，并向游客进行详细的安全说明。

（2）为游客购买旅游保险，确保游客在旅游过程中得到必要的经济保障。

（3）根据旅游目的地的实际情况，合理安排住宿和餐饮，确保游客能够得到舒适的休息和安全且卫生的饮食。

（4）在具有风险性的旅游活动中，导游需向游客提供专业的安全指导和装备，并时刻关注游客的安全状况。

3. 知识讲解

探险旅游导游在知识讲解方面的职责包括传授地理、历史、文化等方面的知识。导游需要具备丰富的知识储备，能够向游客介绍旅游目的地的自然景观、人文遗产、民俗风情等方面的知识。同时，导游还需要了解自然界的基本知识和生态保护的重要性，以便在旅游过程中引导游客保护自然环境。

4. 人际交往

探险旅游导游在人际交往方面的职责包括倾听游客声音、处理游客纠纷等。导游需要具备良好的人际交往沟通能力，能够与不同类型的游客建立良好的关系。在旅游过程中，导游需要关注游客的感受，主动倾听他们的意见和建议，并及时处理游客之间的纠纷，确保旅游活动的顺利进行。

5. 紧急救援

探险旅游导游在紧急救援方面的职责非常重要。他们需要提前了解旅游目的地的紧急救援渠道和流程，并提前准备好必要的急救设备和药品。在旅游过程中，导游需要时刻关注游客的身体状况，及时发现和处理突发状况。如果发生紧急情况，导游需要迅速采取救援措施，包括对受伤游客进行初步处理、协助救护人员将受伤游客送往医院等。同时，导游还需要及时与相关部门联系，报告事故情况和寻求必要的支援。

二、探险旅游景点介绍与解说

（一）探险旅游景点解说的重要性

探险旅游景点解说在旅游业中具有非常重要的作用。它不仅能够帮助游客更好地了解景点，还能提高游客体验，保护自然环境，传递知识文化，提升游览价值，以及加强安全意识。

1. 提高游客体验

通过解说，游客可以更加深入地了解景点的背景、历史、文化等方面，从而更好地欣赏景点的美感。解说可以帮助游客从不同角度去发现景点的魅力，让游客不仅仅是看到一片美丽的山水，更能了解其背后的故事和意义。

2. 保护自然环境

在解说中，对自然环境的保护也是非常重要的。导游可以通过介绍景点的自然风光、动植物资源等方式让游客更加热爱和尊重自然。同时，导游也应该呼吁游客在游览过程中尊重当地的文化和习俗，从而避免对当地环境和文化造成不必要的破坏。

3. 传递知识文化

解说也是传递知识文化的重要手段。通过解说，游客可以了解到景点的历史文化、民俗风情等方面的风貌。导游可以向游客推荐一些有趣的户外活动，让他们亲身体验当地的文化和自然风光。

4. 提升游览价值

通过多角度、多元化的解说，游客能够更加全面地了解景点，从而增强他们的留存感和归属感。解说可以帮助游客发掘景点的独特之处，让游客更加深刻地体验到景点的魅力。此外，解说还可以提高游客对景点的认知度和兴趣，为旅游业的发展带来更多机会。

5. 加强安全意识

在探险旅游中，安全意识非常重要。导游应该向游客强调安全注意事项，并积极倡导保护自然环境和珍惜生命。特别是在进行一些有风险的活动时，导游应该向游客介绍正确的操作方法和该活动的注意事项，确保游客的安全。同时，导游也应该鼓励游客在游览过程中保持文明旅游的好习惯，减少对自然环境的破坏和污染。

（二）探险旅游景点解说的技巧和方法

探险旅游景点解说需要一定的技巧和方法，以便向游客展示景点的独特魅力和深层内涵。以下是几个常用的技巧和方法：

1. 了解景点的历史文化背景

在解说景点之前，需要了解景点的历史文化背景，包括景点的历史沿革、文化传承、重要历史人物和事件等。这样可以更好地发掘景点的历史价值和文化内涵，从而给游客留下更深刻的印象。

2. 掌握景点的地理特征和自然景观

探险旅游景点通常具有独特的地理特征和自然景观，因此需要导游掌握相关知识。例如，可以向游客介绍景点的地形地貌、气候特点、山水风光等，以便游客更好地了解景点的地理特征和自然景观。

3. 熟悉景点的动植物生态

探险旅游景点中常常包含着丰富的动植物资源，因此导游需要熟悉景点的动植物生态，包括景点的特色植物和野生动物、生态环境等。这样可以增加游客对景点的兴趣和认识，同时也可以增强他们的生态保护意识。

4. 选取独特的解说角度和表达方式

为了吸引游客的兴趣，导游需要选取独特的解说角度和表达方式进行解说，可以从景点的特色、历史背景、传说故事等方面入手，让游客对景点有更深入的认识和理解。同时，可以运用多种表达方式，如讲述、描绘、演示等，让游客更加生动形象地了解景点。

5. 正确使用旅游词汇和常规表达

导游需要正确使用旅游词汇和常规表达，以便让游客更容易理解和接受。例如，可以运用简单的旅游词汇和日常用语来描述景点的特色、历史背景等，从而让游客更加轻松愉快地了解景点。

6. 尊重当地的宗教信仰和风俗习惯

当探险旅游景点涉及当地的宗教信仰和风俗习惯时，导游需要尊重当地的宗教信仰和风俗习惯，避免因文化差异而引起的误解和冲突。同时，也可以向游客介绍当地的宗教文化和传统艺术等，以增加游客对当地文化的认识和理解。

7. 善于利用生动有趣的传说故事

传说故事是探险旅游中不可缺少的一部分，生动有趣的传说故事可以增加游客对景点的兴趣和理解。因此，导游需要善于利用生动有趣的传说故事来引导游客了解景点。例如，可以向游客介绍景点的命名与由来、历史上的名人逸事等，以丰富游客的游览体验。

三、探险旅游路线规划与设计

探险旅游路线规划的原则与方法有如下七种：

探险旅游是一种充满挑战与惊喜的旅游方式，它能够让人们深入了解自然、文化、科学等各个方面的知识。在规划探险旅游路线时，需要遵循一系列原则和方法，以确保旅游过程的安全、有趣、舒适和环保。

1. 安全性原则

探险旅游路线规划的首要原则是确保游客的人身安全。在设计路线时应充分考虑可能遇到的安全问题，并制定相应的应对措施。例如，在安排活动时应注意天气变化，避免恶劣天气；在野生动物出没的地区要保持警惕，遵循当地的规定和向导建议等。

2. 兴趣性原则

在制定探险旅游路线规划时，需要充分考虑游客的兴趣爱好，以满足他们的好奇心和探索欲望。可以根据游客的兴趣爱好设计具有挑战性和刺激性的活动，如攀岩、溯溪、冲浪等。同时，还可以安排一些有趣的体验项目，如野外露营、烤肉、篝火晚会等，让游客在轻松愉快的氛围中享受探险的乐趣。

3. 季节性原则

探险旅游路线的规划应根据当地季节、气候等因素进行调整，以更好地适应游客的需求。在适宜的季节进行适当的活动，可以避免因气候恶劣或季节不合适而带来的安全问题和不适体验。例如，在夏季安排漂流、溯溪等活动，而在冬季则可以安排滑雪、冰川探险等活动。

4. 体力性原则

在制定探险旅游路线规划时，需要充分考虑游客的体力状况，为他们安排适当的休息时间和活动项目，确保游客在旅游过程中得到充分的休息。可以根据游客的体力和经验水平设计不同难度等级的活动，并提供相应的支持和帮助，避免游客因体力透支而出现安全问题。

5. 经济性原则

在制定探险旅游路线规划时，需要充分考虑经济因素，为游客提供合理的价格选择，使其旅游体验更加实惠。可以通过优化路线成本、选择性价比高的交通和住宿等方式来体现经济性原则，同时也可以适当引入一些特色活动和体验项目以提高游客的满意度。

6. 知识性原则

探险旅游路线规划还应包括一些基础知识的介绍，如地理环境、气象条件、动植物生态等，以提高游客对此类情况的认知水平，提高旅游体验的质量。通过导游讲解、宣传资料、多媒体等方式向游客传递相关知识，游客可以更好地了解探险地点的背景和注意事项。

7. 舒适性原则

探险旅游路线规划还应该注意旅游环境的舒适性，为游客提供舒适的住宿、饮食等条件。如选择环境优美、设施完备的住宿地点，提供营养均衡、口感良好的饮食，以及保证旅游过程中舒适的交通工具等。通过提高旅游环境的舒适度，可以增强游客满意度和放松度，更好地享受探险旅游的过程。

四、探险旅游导游技巧与能力提升

（一）与游客沟通的技巧

1. 认真倾听

在与游客沟通时，导游首先需要展现出专注和认真的态度。要积极倾听游客的意见和反馈，了解他们的需求和关注。同时，也要注意观察游客的言谈举止，以便更好地了解他们的意图和心理状态。

2. 友善礼貌

导游要时刻保持友善礼貌的态度。要用亲切的语言与游客交流，关心他们的感受。在表达意见和要求时，要注意措辞，尊重游客的自尊心。友善礼貌的态度可以增加游客对导游的信任和好感。

3. 明确信息

导游在与游客沟通时，要确保传递的信息明确、清晰和准确。要避免使用复杂的专业术语或晦涩难懂的表达方式，以免引起误解或混淆。同时，还要注意语言的简练和逻辑性，以便游客能够轻松地理解导游的意图。

4. 适应文化

在探险旅游中，导游要具备跨文化沟通的能力。要了解不同地域和文化背景的游客的需求和习惯，并尊重他们的差异。同时，在交流过程中，导游要尽量避免涉及敏感或有争议性的话题，以免引起不必要的冲突或误解。

5. 重视反馈

导游要重视游客的反馈和意见。在旅游过程中，要定期收集游客的评估和建议，了解他们的需求和不满。根据游客的反馈，导游可以及时调整自己的工作方式和方法，提升服务质量。同时，导游也要将游客的意见和建议向上级主管部门汇报，以便改进整个探险旅游系统的服务质量和安全性。

（二）导游应对探险旅游突发情况的处理

（1）保持冷静：面对突发状况时，导游要保持冷静，切勿惊慌失措。应迅速评估状况，了解事故的严重程度，并采取相应的行动。

（2）立即报告：导游应立即向相关部门报告，如旅游公司、当地旅游局或安全机构等。报告内容包括事故的详细情况、涉及的人员数量、事故发生的时间和地点等信息。

（3）安抚游客：在处理突发状况时，导游要关注游客的情绪和安全。确保游客得到必要的安抚和支持，缓解紧张气氛。

（4）提供紧急援助：根据事故的严重程度，导游应尽力提供紧急援助，如组织救援、疏散游客、提供医疗援助等。同时，确保游客得到必要的医疗和心理支持。

（5）调整旅游计划：在突发状况的影响下，导游可能需要调整旅游计划。根据实际情况，合理安排游客的交通、住宿和饮食等事项，确保游客的安全和满意度。

（6）事后总结：事故处理完成后，导游应进行事后总结，分析事故的原因和教训，并总结经验教训。同时，将事故的情况记录在案，为今后的探险旅游提供参考和借鉴。

 任务实施

我国是一个旅游大国，不仅有很多常规旅游景点在吸引着游客，还有一些存在着探险乐趣的景点也在吸引着喜欢冒险旅游的人，接下来带大家了解一下国内值得探险的十大地区。

一、张家界：感受山水的魅力

张家界位于湖南省，是一个以山水为主的自然风景区。在这里，你可以欣赏到天门山、黄龙洞、天子山等景点，以及独特的土家族风情。在这里，你可以感受到大自然的壮美与神秘，让心灵得到深深的放松。

二、喀纳斯：追寻深秋的童话

喀纳斯位于新疆阿勒泰地区，是一个以湖泊为主的自然风景区。这里秋天的景色如诗如画，仿佛置身于童话世界。在这里，你可以欣赏到壮美的秋色、奇特的地貌、繁星点点的湖泊，还有那神秘的怪鱼传说。

三、大兴安岭：挑战极寒的冬日

大兴安岭位于中国最北端，是一个以森林为主的自然风景区。这里的冬季十分漫长且寒冷，但同时也充满了神秘和美丽。在这里，你可以欣赏到神奇的北极光、白雪皑皑的森林、寒冷的冰川等景色，还可以体验到滑雪、雪橇等冬季运动项目。

四、秦岭探秘：徒步穿越的乐土

秦岭是中国南北分界线，也是一个充满神秘色彩的山脉。在这里，你可以选择不同的徒步线路，穿越森林、翻越山岭，感受大自然的魅力。在秦岭的深处，你还可以欣赏到珍稀的野生动植物，探索大自然的奥秘。

五、阿里无人区：挑战高原反应

阿里无人区位于中国西藏自治区，是一个充满神秘和危险的高原区域。在这里，你可以欣赏到壮美的雪山、广袤的草原、清澈的湖泊等美景。但同时，你也需要面对高原反应的挑战。如果你有勇气挑战自我，那么这里的美景绝对值得你一试。

六、三峡漂流：体验激流勇进

三峡漂流位于长江三峡，是一个充满刺激和挑战的旅游项目。在这里，你可以乘坐皮划艇或其他漂流工具，穿行在湍急的河流、瀑布等水域。在漂流的过程中，你需要不断面对激流勇进的挑战，体验大自然的威力。但同时也可以欣赏到沿途的美景，感受到大自然的魅力。

七、稻城亚丁：徒步穿越仙境

稻城亚丁位于四川省甘孜藏族自治州南部，是一个充满神秘色彩的高原山区。在这里，你可以欣赏到雪山、冰川、峡谷等美景。同时也可以徒步穿越仙境般的森林和草地，感受到大自然的魅力。在亚丁深处的高原湖泊旁还可以目睹到神圣的"水怪"身影。但需要注意的是这里的海拔较高容易产生高原反应，所以一定要做好充分的准备措施再前往此处旅行冒险，体验高原地区的魅力所在。

八、华山跳崖：体验极限飞跃

华山跳崖位于中国陕西省华阴市境内华山风景区。西山北麓的玉女峰下是一处惊险刺激的景点，来到这里可以体验极限飞跃的感觉，站在悬崖边欣赏到绝美的山谷风光及云海景观。

九、四姑娘山：尝试高山攀登

四姑娘山位于中国四川省阿坝藏族羌族自治州小金县境内，是一座著名的雪山景区。来到这里可以尝试高山攀登，征服四姑娘山的旅程虽然具有一定的难度，但也充满了乐趣，同时在这里也可以欣赏到极致的自然风光。

十、珠峰大本营：感受高原的辽阔

珠峰大本营位于中国西藏自治区定日县境内，是攀登珠穆朗玛峰的起点站。在这里，你可以欣赏到珠穆朗玛峰的壮美景色，以及其他数座雪山的美景。同时也会感受到高原的辽阔和荒凉之美。这里的天空湛蓝、白云飘荡，仿佛置身于仙境之中。

珠峰大本营，位于珠峰北坡海拔 5 200 米处，是世界著名登山基地，同时也是一处壮观景点。为了让大家有一个愉快的旅行体验，下面为各位同学介绍一下珠峰大本营的旅游攻略。

珠峰大本营旅游攻略	
1. 旅游季节	5—10 月是珠峰大本营旅游的最佳季节。其中，5 月和 6 月可以欣赏到风景秀丽的雪山和冰川，7 月和 8 月是珠峰大本营最繁忙的时间，9 月和 10 月是金色的秋季，可以看到绵延的大草原
2. 行程安排	从拉萨到珠峰大本营，需要经过 4 个城市，分别是日喀则、丁青、映秀和珠穆朗玛峰国家级自然保护区，一般需要 7~10 天时间。在珠峰大本营停留的时间一般是 1~3 天
3. 交通工具	前往珠峰大本营最常用的交通工具是汽车和徒步。从丁青到珠峰大本营，需要徒步，行程 4~5 天，可以欣赏到更多的景色和体验更多的旅行乐趣
4. 注意事项	珠峰大本营海拔较高，需要注意高原反应。建议在前往大本营前至少在海拔 3 000 米的地方逗留 2~3 天，适应高原环境。另外，要注意保暖，衣物、帐篷等装备必须要具备保暖性
5. 旅游提醒	（1）提前查好天气情况和班次，避免旅途中遇到不必要的困难。 （2）注意安全，不要随意到危险区域。 （3）随身携带所需物品，如身份证、现金、药品等。 （4）在饮食方面留心所用食材是否新鲜并避免随便进食街头食品。 （5）与当地人友好互动，了解当地文化风俗，并尊重当地民俗。 （6）保护自然环境，不要乱扔垃圾，保持城市干净。 （7）注意个人卫生，在卫生条件不佳的情况下，要注意保持清洁并用不同的毛巾。 （8）跟团游旅途中注意听从导游安排和指示，不要随意脱离团队
6. 总结	在珠峰大本营，大家可以欣赏到珠峰、冰川、峡谷、草原等壮观景点，伴随着岁月洪流的气息，领略到珠峰神秘而辉煌的历史。相信按照上述攻略，大家必将度过一段难忘的旅行

任务实训

　　请同学们根据以上旅游攻略样例，从任务实施环节中挑选出一个探险旅游区，小组讨论制作一份详尽的旅游攻略。

＿＿＿＿＿＿＿旅游攻略	
1. 旅游季节	
2. 行程安排	
3. 交通工具	
4. 注意事项	
5. 旅游提醒	
6. 总结	

任务评价

学生自评

主要内容	自我评价	
	我学会了	我的问题
旅游季节掌握程度		
行程安排是否合理		
交通工具如何安排		
注意事项填写详尽		
旅游提醒总结细致		
旅游攻略总结到位		
7S 素养体现情况		

教师评价

任务名称	考核项目	考核内容	评分		备注
			分值	得分	
旅游攻略制订	知识准备	认真学习教材，预习新知识	10		
	教学过程	积极参与训练任务，按接待流程制订接待计划，在教学中学习专业技能和相关知识	20		
	训练任务	独立完成训练任务，填写接待行程单	30		
	学习主动性	积极承担学习相关工作任务，实训中主动学习相关专业知识	10		
	7S 素养	遵守实训室及相关场地规章制度，穿着统一服装，按要求进行实训，具备环保意识和良好的行为习惯，保持实训室及相关场地卫生	10		
	纪律性	遵守学习纪律，不迟到、早退，不做与教学无关的事情	20		
总评			100		
评价人签名：			_____年___月___日		

任务二　红色旅游

任务描述

　　红色旅游主要是以中国共产党领导人民在革命和战争时期建树丰功伟绩所形成的纪念地、标志物为载体，以其所承载的革命历史、革命事迹和革命精神为内涵，组织接待游客开展缅怀学习、参观游览的主题性旅游活动。

　　在2020年，我国红色旅游出游人数超过了1亿人次，且在整个"十三五"期间，红色旅游出游人数保持稳定增长，在国内旅游市场中维持在11%以上的市场份额。

　　红色旅游不仅可以观光赏景，还可以了解革命历史、增长革命斗争知识、学习革命斗争精神，培育新的时代精神，并使之成为一种文化。同学们，让我们一起开启红色之旅吧！

任务导入

　　红色旅游是一次穿越时空的旅程，它带领我们走进了那段充满激情与热血的革命岁月。以下是红色旅游案例，将带游客领略中国革命历史的厚重与魅力。

　　1. 革命历史回顾

　　在这次红色之旅的开端，我们将带游客回顾中国共产党领导人民进行革命斗争的历史。从五四运动到中华人民共和国成立，这段时期是中国革命史上最为波澜壮阔的阶段。通过参观革命历史博物馆、纪念馆等场所，让游客更加深入地了解共产党人为民族独立和人民幸福所做出的巨大牺牲和努力。

　　2. 红色旅游线路推介

　　为了更好地规划游客红色旅游行程，导游为游客推荐了以下经典红色旅游线路：

　　湖南韶山—江西井冈山—贵州遵义—广西南宁—山西太原—河北西柏坡—山西五台山—内蒙古草原—黑龙江哈尔滨—辽宁沈阳—北京

　　在安排行程时，请根据游客兴趣和时间合理安排参观景点和活动。同时请注意遵守景区规定，尊重当地风俗习惯，保持环境卫生。建议在旅游高峰期提前预订门票和交通工具，确保行程顺利。

　　最佳旅游季节：红色旅游景点四季皆宜游览，但不同地区的气候特点和旅游季节会各有不同。在旅行前请关注当地天气预报，合理安排行程。

　　问题：

　　（1）请分析此次行程安排的景点解说策略；

　　（2）如果是你，你选择哪条红色旅游线路进行推介？

学习地点

模拟导游实训室、室外实训场。

<<< ZHISHI ZHUNBEI
>>> **知识准备**

一、红色旅游的定义

红色旅游是以中国共产党的革命历史和文化遗产为主题的旅游活动。它以革命历史纪念地、纪念馆、博物馆等为主要旅游资源，通过深入挖掘和展示中国共产党领导人民进行革命斗争的历史事迹和文化遗产，游客能够了解和感受中国共产党的伟大历史和所蕴含的精神。

二、红色旅游的背景

红色旅游的兴起与中国社会的政治、经济和文化发展密切相关。自20世纪90年代以来，中国的改革开放取得了巨大的成功，人们的生活水平得到了显著提高。在这个背景下，旅游业快速发展，游客的需求也日益多样化。红色旅游作为一种具有特殊历史背景和文化内涵的旅游形式，逐渐受到了游客的欢迎和追捧。

三、红色旅游的特点

（1）历史性：红色旅游以中国共产党的革命历史为主题，具有深厚的历史底蕴和纪念意义。通过参观革命历史遗址、纪念馆、博物馆等，游客可以了解中国共产党的奋斗历程和革命精神。

（2）文化性：红色旅游所涉及的历史文化遗产具有鲜明的中国特色和时代特征。这些文化遗产不仅包括革命文物和历史遗迹，还包括中国共产党的思想、精神、作风等文化元素。

（3）体验性：红色旅游不仅是一种观光活动，更是一种体验式的旅游形式。游客可以通过参与革命历史纪念活动、模拟革命战斗场景、体验革命生活等方式，深刻感受中国共产党的伟大历史和精神。

（4）教育性：红色旅游资源以中国共产党领导革命活动为主线，承载的不仅使一个党的革命精神，也是中华民族优秀文化的杰出代表，更是一种教育活动。通过实地参观革命圣地和历史遗址，让游客深入了解中国革命历史和中国共产党的发展历程，从而达到爱国主义教育和革命传统教育的目的。

四、红色旅游的重点景区

（一）湘赣闽红色旅游区——井冈山

湘赣闽红色旅游区包括湖南、江西、福建等地。"八一南昌起义"打响了武装反对国民党统治的第一枪；诞生了以毛泽东为代表的一大批中国共产党先进分子。主要旅游景点有庐山、婺源、井冈山、黄山、洞庭湖、衡山、张家界等。

（二）江苏红色旅游区——江苏省高邮市

江苏高邮抗日战争最后一役纪念馆已成为江苏地区重要的红色旅游景点。

（三）河北省邯郸市涉县

邯郸市涉县，走出了改革开放总设计师邓小平和 2 位元帅、3 位大将、18 名上将、48 名中将，以及百名一二九师领导担任国家重要职务，被誉为"中国第二代领导摇篮"。

（四）黔北黔西红色旅游区——遵义会议旧址

遵义会议后重新确定毛泽东在党的领导地位。是中国革命的伟大转折点。主要景点包括赤水、燕子沟、大同古镇、遵义会议会址、红军山、娄山关、古夜郎漂流等。

（五）陕甘宁红色旅游区——延安

陕甘宁包括今天的陕西北部，甘肃东部和宁夏的局部。陕甘宁是革命的中心根据地，其中延安被誉为"革命圣地"，在中国现代史上占有极为重要的特殊位置。主要景点包括延安、西安等诸多革命遗址、风景胜地，如西安市红色旅游系列景区中的八路军西安办事处纪念馆、西安事变纪念馆等。

（六）京津冀红色旅游区——西柏坡

京津冀红色旅游区主要景点包括北京、天津、西柏坡、小南海、龙滩古镇等，如中国人民革命军事博物馆、李大钊烈士陵园、顺义区焦庄户地道战遗址纪念馆、唐山市乐亭县李大钊故居和纪念馆、天津市周恩来邓颖超纪念馆、平津战役纪念馆、盘山烈士陵园、河北保定市阜平县城南庄晋察冀军区司令部旧址、石家庄市平山县西柏坡纪念馆和中共中央旧址等。

五、红色旅游的意义

首先，红色旅游是一种生动的爱国主义教育形式。通过实地参观革命历史遗址、纪念馆、博物馆等，让游客亲身体验革命历史，感受革命先烈的英勇奋斗和不屈不挠和无私奉献的革命精神，激发人们的爱国热情和民族自豪感，使革命精神得以传承和发扬。从而更加深刻地理解爱国主义精神的内涵，更好地达到教育效果。

其次，红色旅游对于推动地方经济发展也具有积极作用。许多革命老区都是经济发展相对滞后的地区，通过开发红色旅游资源，可以促进当地交通、餐饮、住宿等相关产业的发展，从而提高当地居民的生活水平。

最后，红色旅游还有助于促进国际交流与合作。许多国家都有自己的革命历史和文化遗产，通过互相交流和借鉴，可以增进彼此的了解和友谊，为推动世界和平与发展做出贡献。

六、红色旅游景区导游词

西柏坡导游词

尊敬的游客们，欢迎你们来到西柏坡纪念馆。我是你们的导游，接下来的时间我将带领大家参观这个中国革命历史的重要遗址。

西柏坡是太行山东麓一个普通的小山村。在1948—1949年期间，这里是中国共产党中央委员会的所在地。在这里，伟大的领袖毛泽东指挥了全国的解放战争，并召开了具有重要历史意义的七届二中全会，提出了"两个务必"的著名论断。

首先，我们来到了纪念馆的序厅。您看到的这个大型铜雕，展现的是第七届中央委员会的77位中央委员和中央候补委员。铜雕的背景是雄伟绵延的太行山脉和西柏坡中央大院，下方"新中国从这里走来"这八个大字是文化部原部长黄镇在1988年参观时为纪念馆的题词，也是我们整个展览的主题。铜雕两侧是具有里程碑意义的四处革命纪念地，上海一大会址、井冈山、遵义、延安组成的浅浮雕群。这个序厅寓意着中国共产党经过28年艰苦卓绝的斗争，最后从西柏坡这个普通的小山村走进北平，建立了伟大的新中国。

接下来我们来到了第一展室，这里重点介绍了党中央选址西柏坡的主要原因，以及中共中央撤离延安的历史背景和中央工委到达西柏坡的有关情况。党中央选址西柏坡主要有三个原因：一是西柏坡所在的平山县建党早，群众基础好。平山县位于晋察冀边区的南部，是著名的抗日模范县。二是西柏坡一带的物产丰富。三是地理位置优越，易守难攻。这些因素共同决定了党中央将西柏坡作为全国革命的领导中心。

在我们参观的过程中，希望大家能够感受到这里所展现出的革命精神和历史文化氛围。让我们一同追随革命先辈的足迹，缅怀他们的丰功伟绩，感受中国共产党从西柏坡走向北京、走向新中国的伟大历程。

在此，我也提醒大家注意保持馆内的秩序和环境整洁。请尊重每一件展品，不要触摸或摄影，以免影响其他游客的参观体验。让我们共同营造一个庄重而舒适的参观氛围。

最后，如果您在参观过程中有任何疑问或需要帮助，请随时与我联系。非常荣幸为您服务。感谢大家的配合。

 任务实施

西柏坡，位于河北省石家庄市平山县，是中国革命历史的重要遗址。今天我们的任务是红色旅游景区导游词创作。为了让同学们有一个清晰的写作认知，下面为各位同学介绍一下西柏坡景区的导游词创作要点，见表5-2-1。

表 5-2-1　西柏坡红色旅游导游词创作要点

项目	主要内容	关键词
1	西柏坡是中国革命历史上的重要转折点，是中国共产党领导人民进行解放战争的重要基地。这里不仅有着丰富的红色旅游资源，更承载了伟大的革命精神。作为一名导游，如何通过讲解旅游景点，让游客更好地了解和感受西柏坡的历史和魅力，传承红色基因，加强爱国主义教育，是非常重要的	背景介绍
2	首先，要向游客介绍西柏坡的基本情况，包括地理位置、历史背景等。可以提到西柏坡是解放战争时期中共中央的指挥中心，毛泽东和党中央的领导同志在这里指挥了辽沈、淮海、平津三大战役，为中华人民共和国的成立奠定了基础。其次，可以详细介绍西柏坡的历史背景。可以介绍 1948 年 5 月至 1949 年 3 月期间，毛泽东和党中央的领导同志在西柏坡工作、生活的情况。同时，还可以介绍西柏坡作为中华人民共和国成立后的革命纪念地，每年都会吸引大量游客前来参观学习的情况	景点背景及历史回顾
3	在讲解中，可以突出西柏坡的文化内涵。例如，可以提到《为人民服务》等著作在西柏坡时期创作的情况，纪念馆展室情况，党中央在西柏坡时期颁布的一系列重要的文件，以及与西柏坡有关的经典红色歌曲等 	景点文化内涵
4	导游要重点介绍一下西柏坡中共中央旧址内的建筑风格和特色。可以提到这些建筑是典型的北方四合院式的建筑风格，体现了当时的时代特点。同时，可以详细介绍各建筑的用途和历史背景。例如，中央军委指挥所旧址，可以介绍其历史地位和重要性；大礼堂旧址，可以介绍党中央在此召开的一系列重要会议；周恩来同志故居，则可以突出他为人民服务的崇高品质等 	景点建筑风格与特色

续表

项目	主要内容	关键词
5	最后，导游可以介绍一些景区提供的旅游服务和互动体验活动。例如，可以为游客提供穿红军服拍照的机会，让游客在五福迎宾等区域参加一系列红色活动等。这些活动可以让游客更加深入地了解和感受红色文化，增强爱国主义教育效果	旅游服务与互动体验
6	（1）导游在讲解过程中要注意语言的规范性和准确性，避免使用不当的词汇和表达方式。 　　（2）导游要注重与游客的互动和交流，了解游客的需求和反馈，以便更好地提供服务。 　　（3）导游要注重保护景区的环境和设施，避免对景区造成损害。 　　（4）导游要注重自身的形象和礼仪，做到热情、周到、专业	相关注意事项

 任务实训

　　请同学们根据以上导游词创作样例，从任务实施环节中挑选出一个红色旅游区，小组讨论制作一份详尽的导游词创作要点。

项目	主要内容	关键词
1		背景介绍
2		景点背景及历史回顾
3		景点文化内涵
4		景点建筑风格与特色
5		旅游服务与互动体验
6		相关注意事项

任务评价

学生自评

主要内容	自我评价	
	我学会了	我的问题
导游词创作特性		
导游词创作要点		
导游词讲解技巧		
导游词讲解策略		
导游词个人心理准备		
模拟导游实训		
7S 素养体现情况		

教师评价

任务名称	考核项目	考核内容	评分		备注
			分值	得分	
导游词创作与讲解	知识准备	认真学习教材，预习新知识	10		
	教学过程	积极参与训练任务，按接待流程制订接待计划，在教学中学习专业技能和相关知识	20		
	训练任务	独立完成训练任务，填写接待行程单	30		
	学习主动性	积极承担学习相关工作任务，实训中主动学习相关专业知识	10		
	7S 素养	遵守实训室及相关场地规章制度，穿着统一服装，按要求进行实训，具备环保意识和良好的行为习惯，保持实训室及相关场地卫生	10		
	纪律性	遵守学习纪律，不迟到、早退，不做与教学无关的事情	20		
总评			100		
评价人签名：			_____年___月___日		

任务三　宗教旅游

任务描述

　　宗教旅游是一种以宗教朝觐为主要动机的旅游活动。自古以来，世界上的三大宗教（佛教、基督教和伊斯兰教）的信徒都有朝圣的历史传统。这些宗教的创始者的诞生地、墓葬地及其遗迹遗物，甚至传说"显圣"地，以及各教派的中心，都可成为教徒们的朝拜圣地。

　　同学们，让我们一起开启宗教之旅吧！

任务导入

　　小王是一名经验丰富的导游，他曾经带领过多个旅游团。在一次带团游览五台山的过程中，由于旅行社线路出现问题，游览过程中游客抱怨不断。一位挑剔的客人对小王的讲解也不满意，认为小王的讲解不够详细，而且还有许多错误。小王耐心地听取客人的意见，并表示会尽力改进自己的讲解。同时，在接下来的游览中，个别客人对佛教名山及寺院建筑不甚了解，开始大声说话和随意拍照。小王看到后及时地进行了制止并告知游客游览佛教圣地的注意事项。最后小王用自己专业热情的服务收获了游客的一致好评。

　　问题：

　　1. 宗教旅游线路设计应遵循哪些原则？

　　2. 游客对小王的讲解不满意，认为他的讲解不够详细且有错误。如果你是小王，你会如何应对这种情况？

　　3. 作为导游，在看到游客有不当行为时该如何应对？

‹‹‹ ZHISHI ZHUNBEI
››› 知识准备

一、宗教旅游概述

　　宗教旅游是一种特殊的旅游形式，它以宗教朝觐、信仰体验和文化探索为主要目的。以下将从以下四个方面概述宗教旅游：

（一）宗教文化旅游资源

　　宗教文化旅游资源是指与宗教相关的文化、历史和自然景观，包括宗教建筑、神迹遗址、宗教艺术品等。这些资源具有独特性和不可复制性，是吸引宗教游客的主要因素。同时，宗教文化旅游资源也是塑造旅游目的地形象和推动地方经济发展的重要因素。

（二）宗教游客

宗教游客是指以宗教朝觐、信仰体验和文化探索为主要目的的游客，他们通常对宗教文化旅游资源有浓厚的兴趣，希望通过旅游来了解不同的宗教文化和信仰。宗教游客的消费习惯和偏好通常与普通游客有所不同，他们更注重精神层面的体验和心灵上的收获。

（三）宗教旅游产品

宗教旅游产品是指以满足宗教游客需求为目的的旅游产品和服务，包括宗教朝觐游、宗教文化游、宗教养生游等。这些产品具有鲜明的特色和专属性，能够满足不同类型宗教游客的需求。同时，为了提升旅游产品的吸引力和竞争力，还需要根据市场需求不断创新和优化产品。

（四）宗教旅游市场

宗教旅游市场是指以宗教游客为消费群体，以宗教文化旅游资源为产品基础的旅游市场。随着全球范围内信仰自由和旅游业的发展，宗教旅游市场的规模和影响力逐渐扩大。为了提升宗教旅游的知名度和影响力，需要加强对市场的研究和分析，了解市场需求和竞争态势，不断创新产品和拓展市场。

宗教旅游作为旅游业的一种特殊形式，具有不可忽视的市场潜力和发展空间。在开发宗教旅游资源、创新旅游产品和服务的过程中，需要注意资源的保护和合理利用，以实现经济效益和社会效益的双赢。同时，需要加强对市场的研究和开发，拓展国际合作，不断提升宗教旅游的知名度和影响力。

二、宗教文化与旅游的关系

宗教文化与旅游业密不可分，二者相互影响，相互制约，相辅相成，但是共同发展是它们的共同目标，开发宗教文化旅游资源具有非常重要的意义，是社会物质文明和精神文明双重发展的必然趋势。旅游业对我国的宗教文化的发扬和传播具有积极的促进作用，旅游，不仅可以让我国优秀的宗教文化遗产走入每个公民的心里，而且也有助于走向世界。旅游活动是人们追求美好生活的一种方式，通过旅游，人们可以了解中华民族灿烂的文化，增长宗教文化知识，洗涤心灵，陶冶情操，修身养性。

旅游既是一种经济现象，又是一种社会文化现象。现代旅游是一种大规模的各种文化的交流。旅游业的发展和旅游资源的开发利用，以及新的旅游市场的开拓，吸引了更多的客人前来游览、朝圣和进行学术考察交流，这些都有利于宗教文化的传播、交流和发展，对宗教文物古迹也起着保护、修缮的作用。

三、宗教活动和节日

（一）庆典活动

（1）开光典礼：是为佛像或其他物品开启其灵性而举行的仪式。开光典礼通常由僧侣主持，并邀请其他信徒参加。

（2）封斋节：是伊斯兰教的一个传统节日，在伊斯兰教历每年9月（俗称"斋月"）封斋1个月。在此期间，穆斯林禁食肉类、鱼类和其他动物血等食品，每日自黎明前开始持斋，至日落后再进食。

（3）圣诞节：是基督教最重要的节日，是为了纪念耶稣的诞生而设立的。圣诞节的前一天晚上被称为平安夜，人们为庆祝这个特殊的日子，会互赠礼物和唱圣诞颂歌等。

（二）朝圣活动

（1）朝觐：是伊斯兰教信仰者的宗教功课之一，是指有组织的、朝拜宗教圣地的行为。朝觐的主要目的是寻求精神上的启示和体验圣地的人文景观。

（2）朝山进香：是中国民间传统的宗教朝拜形式之一，是一种自发的民间宗教活动。参与者通常会前往特定的寺庙或者山峰进行祈福和膜拜等活动。

四、接待宗教界人士时的注意事项

（一）了解宗教文化背景

在接待宗教界人士时，导游首先要了解他们所信仰的宗教文化背景，包括他们的信仰习俗、礼仪、禁忌等方面。只有了解了宗教文化背景，才能更好地为他们服务，避免因不了解宗教文化而引起的误解或冲突。

（二）尊重宗教信仰

导游要尊重宗教信仰，不得嘲笑或诋毁宗教，不得干扰宗教活动，尊重宗教界人士的信仰自由和宗教领袖的权威。

（三）遵守礼仪规范

在接待宗教界人士时，导游要遵守礼仪规范，尤其是对于一些特定的宗教仪式，要遵循其规定，不得随意干扰或改变。同时，导游也要注意自己的言行举止，避免因不当的言行举止而引起误解或冲突。

在接待宗教界人士时，导游要尊重宗教信仰，遵守礼仪规范，提供专业服务，保护宗教文化遗产，遵守法律法规，以最好的服务态度迎接宗教界人士的到来。

五、洛阳白马寺游览路线

洛阳白马寺游览路线见表 5-3-1。

表 5-3-1　洛阳白马寺游览路线

路线	简介概述	备注
山门	山门是寺庙的第一道屏障，也是游客们对寺庙的第一印象。这座山门高大雄伟，红色的墙面上镶嵌着金色的琉璃瓦，给人一种庄重而又神秘的感觉。山门殿檐下有"白马寺"匾额，字体端庄、雄浑，大家可以体味一下我们祖国的书法之美	
天王殿	展现在您眼前的是第一重殿——天王殿。迎面坐的大肚佛是弥勒佛，他笑容满面，左手握布袋，右手持念珠，形象生动有趣，为明代造像品。这里要告诉大家的是，在中国汉族的佛寺中，第一座大殿通常供奉弥勒佛，人们进入佛寺后，首先看到这一乐呵呵的形象，使人们对佛门产生一种亲切之感。四周供奉的是四大天王，东方持国天王，西方广目天王，南方增长天王，北方多闻天王，四大天王寓意风调雨顺，四大天王为清代泥塑。在天王殿东西两侧，有许多石榴树，人们说"五月石榴红似火"，而白马寺的石榴却是白色的。转身，这尊面北泥像佛为韦驮天将，被称作"护法神"，着武将装，立弥勒佛后，正对大佛殿的释迦牟尼佛，执行着维护讲经道场不许邪魔侵扰的任务，为清代泥塑	
大佛殿	大佛殿是寺内主要殿堂，重大的佛事活动均在这里举行。现存大佛殿是明代重修的。殿内正中供奉七尊造像。一佛二弟子二菩萨二供养天人共七尊。主佛释迦牟尼佛，坐须弥座上，像高 2.4 米，据说这是他不语说法时的样子。大佛胸口的字符表示大佛"福德无量"。释迦牟尼左侧为大弟子摩汤珈叶，在这次"不语说法"中，唯有他懂得佛祖的真正用意，从而破颜微笑，后被推举为释迦牟尼的十大弟子之一，中国禅宗推举他为在印度传承佛法的第一代祖师。右侧为大弟子阿难，他博闻强识，被称"多闻第一"，中国禅宗推举他为在印度传承佛法的第二代祖师。珈叶左侧为文殊菩萨，右手持经书，以知识渊博，聪明智慧著称，阿难右侧为普贤菩萨，手持如意钩，德阳行圆满，功过天地，以"行愿"著称。释迦牟尼与文殊菩萨、普贤菩萨合称"释迦三尊"。东西侍立的两位供养天人，手持鲜花，体态婀娜，也称"散花天女"，在大佛讲经时，供养天人在高高的天上，纷纷散花，"天花乱坠"由此而来	
大雄殿	大雄殿本为元代所建，却是在明清重修的。佛龛内的三尊圣佛，皆盘双膝于莲花座中，正中为释迦牟尼佛，尊称"大雄"，即像大力士那样神通广大，法力无边，给人以庄严圣洁之感。释迦牟尼左侧为东方净琉璃世界的"药师佛"，右侧为西方极乐世界的教主"阿弥陀佛"。三尊佛左右相对韦驮、韦力二位护法神，殿内两侧供奉"十八罗汉"。值得一提的是：大雄空殿的三主佛，二天将，十八罗汉都是元代造像与天王殿的弥勒佛共 24 尊，是 1973 年从北京故宫慈宁宫大佛堂调入的，采用夹干漆造像工艺，为传世文物瑰宝	
接引殿	接引殿，原为明代建筑，清同治年间（1862—1874 年）毁于大火。光绪年间（1875—1908 年）重建，硬山式，面阔 3 间，进深 2 间，内供阿弥陀佛及观世音、大势至菩萨像	

续表

路线	简介概述	备注
清凉台	清凉台原是汉明帝少时读书乘凉之处，后为印度高僧摄摩腾、竺法兰译经之所，白马寺的最后一个大殿毗卢殿就在清凉台内，是一组庭院式建筑。两位高僧一直在清凉台修行直到去世，在白马寺山门内东西两侧分别有摄摩腾和竺法兰的墓，以示纪念。毗卢阁，高耸竖立于清凉台上，是白马寺最后一座大殿，面阔5间，进深4间，长17.03米，宽11.7米，高约15.5米，殿顶为重檐歇山式，内供毗卢佛菩萨、文殊菩萨、普贤菩萨 	

任务实施

白马寺，位于河南省洛阳市白马寺镇，是中国佛教的发源地，始建于东汉永平十一年（68年），是佛教传入中国后兴建的第一座官办寺院。为了让大家有一个愉快的旅行体验，下面为各位同学介绍一下洛阳白马寺的旅游攻略。

洛阳白马寺旅游攻略	
1. 旅游季节	春季（3—5月）和秋季（9—11月）为最佳旅游季节，天气宜人，适合参观游览
2. 行程安排	（1）从洛阳市区出发，可乘坐公交或出租车前往白马寺。 （2）参观白马寺主要建筑，如天王殿、大佛殿、大雄宝殿等。 （3）游览时间建议为半天至一天
3. 交通工具	洛阳市区至白马寺交通便利，可选多种交通方式（公交、出租车、自驾）
4. 注意事项	（1）穿着舒适的鞋子，因为需要步行参观。 （2）遵守寺内规定，保持安静，尊重佛教文化。 （3）注意防晒和补水
5. 旅游提醒	（1）提前查看开放时间，以免耽误行程。 （2）注意个人财物安全。 （3）了解并尊重当地文化习俗。 （4）保护文物，不要触摸雕刻和壁画。 （5）可以选择导游服务，更深入了解白马寺的历史和文化
6. 总结	在洛阳白马寺，您可以领略到中国佛教的深厚底蕴，欣赏古代建筑和精美造像，感受历史的厚重和文化的交融

任务实训

　　请同学们根据以上旅游攻略样例，从任务实施环节中挑选出一个宗教旅游区，小组讨论制作一份详尽的旅游攻略。

＿＿＿＿＿＿＿＿旅游攻略	
1. 旅游季节	
2. 行程安排	
3. 交通工具	
4. 注意事项	
5. 旅游提醒	
6. 总结	

 任务评价

学生自评

主要内容	自我评价	
	我学会了	我的问题
导游工作程序		
宗教旅游概述		
宗教文化与旅游关系		
宗教活动		
宗教节日		
接待宗教人士注意事项		
7S 素养体现情况		

教师评价

任务名称	考核项目	考核内容	评分		备注
			分值	得分	
宗教旅游攻略制订	知识准备	认真学习教材，预习新知识	10		
	教学过程	积极参与训练任务，按接待流程制订接待计划，在教学中学习专业技能和相关知识	20		
	训练任务	独立完成训练任务，填写接待行程单	30		
	学习主动性	积极承担学习相关工作任务，实训中主动学习相关专业知识	10		
	7S 素养	遵守实训室及相关场地规章制度，穿着统一服装，按要求进行实训，具备环保意识和良好的行为习惯，保持实训室及相关场地卫生	10		
	纪律性	遵守学习纪律，不迟到、早退，不做与教学无关的事情	20		
总评			100		
评价人签名：			_____年___月___日		

任务四 科普旅游

任务描述

　　科普旅游是一种新兴的旅游形式，目前，我国对科普旅游的理论研究尚处于初始阶段，关于科普旅游的概念，不同学者从不同的角度有不同的理解。例如，有学者指出，科普旅游是通过旅游的深层次开发，突出其科学文化内涵，以满足人们探索大自然奥秘的好奇心，提高自然科学知识普及的生态旅游精品项目。另有学者指出，科普旅游指的是集科普教育和旅游为一体的旅游产品，其目的在于使游客在旅游的过程中受到教育，寓教于游，寓教于乐，是以旅游活动为载体，在旅游产品中增加科普教育含量，使游客在旅游过程中身心受到陶冶与熏陶，提高游客素养的一种新的旅游形式。

　　同学们，让我们一起开启科普之旅吧！

任务导入

　　某中学计划组织一次去上海科技馆的科普旅游活动，旨在通过参观上海科技馆，激发学生对科学的兴趣，培养他们的探索精神和实践能力。本次科普旅游活动包括以下五个环节。

　　展览参观：学生将参观上海科技馆的各个展览区，包括生命科学、地球与宇宙、信息时代等主题展览。

　　互动体验：学生将参与馆内的互动体验项目，如仿真飞行试验、激光游戏等，亲身体验科学的奥秘。

　　科普讲座：科技馆将安排专家为学生举办科普讲座，讲解科学原理和最新科技动态。

　　科学实验：学生将有机会在科技馆的实验室中进行简单的科学实验，如物理实验、化学实验等。

　　团队竞赛：组织学生参与科学知识竞赛，以团队形式进行，旨在增强团队合作精神和竞争意识。

　　思考：

　　1. 通过学习案例，你从中得到了哪些启发？

　　2. 如果你是讲解员，你将如何讲解科普旅游展厅？

 学习地点

　　模拟导游实训室、室外实训场。

ZHISHI ZHUNBEI
>>> 知识准备

一、科普旅游的定义与分类

　　科普旅游是指以科学知识普及为主要目的，以旅游活动为载体，让游客在旅行中了解科学知识，提高科学素养的一种新型出游方式。根据科普旅游的内容和形式，可以将其分为以下四类：

　　（1）科技馆、博物馆等静态展示类：这类科普旅游主要通过展示科学技术成果和科技文化等，让游客了解科学知识和技术，具有静态、被动接受的特点。

　　（2）野外实地考察类：这类科普旅游主要通过野外实地考察的方式，让游客了解自然环境和生态系统的构成、变化等，具有动态、主动参与的特点。

　　（3）科技互动体验类：这类科普旅游主要通过科技互动体验的方式，让游客通过实践操作和体验科技产品，了解科学原理和技术应用等，具有互动性、参与性的特点。

（4）科学考察旅行类：这类科普旅游主要通过科学考察的方式，让游客在旅行中了解自然环境和生态系统的变化、探究自然现象等，具有科学性、探索性和挑战性的特点。

此外，根据科普旅游的目的和功能，还可以将其分为以传播普及科学文化知识为主要目的的科普旅游和以提高科学素养为主要目的的科普旅游。同时，根据旅游活动的性质和形式，可以将科普旅游分为组织型科普旅游和自选型科普旅游。

二、科普旅游的发展历程

科普旅游的发展可以追溯到20世纪80年代，当时主要以科技馆、博物馆等静态展示为主。随着科技的不断进步和旅游业的快速发展，科普旅游也逐渐向多元化、互动性方向发展。近年来，随着互联网技术的不断发展，科普旅游也开始融入更多的科技元素，如虚拟现实、增强现实等技术，让游客能够更加深入地了解科学知识。

（一）科学技术的发展

随着科技的飞速发展，人们对于自然和社会的理解更加深入，也更加关注科技的应用和普及。科普旅游正是在这样的背景下应运而生，它既满足了人们对于科技的好奇心，也提供了深入了解科技的机会。通过科普旅游，人们可以实地参观、亲身体验，对于科技的理解也更加深入。

（二）教育理念的转变

现代教育理念强调学生的实践能力和创新能力，科普旅游正是这样一种教育方式的体现。它让学生在实践中学习，在学习中实践，将理论知识与实际操作相结合，从而提高学生的综合素质。同时，科普旅游也鼓励学生发挥创新精神，尝试新的方法和思路，对于培养学生的创新能力有着积极的推动作用。

（三）旅游市场的需求

旅游市场的发展趋势正在朝着多元化、个性化的方向发展。人们不再满足于传统的观光旅游，而是更加注重旅游的体验和收获。科普旅游正是顺应了这样的市场需求，通过提供丰富多彩的科普活动，让游客在游玩的过程中增长知识、拓宽视野、丰富体验。

（四）媒体宣传

媒体对于科普旅游的发展起到了重要的推动作用。通过电视、广播、报纸、网络等媒体渠道科普，旅游得到了广泛的宣传和推广。媒体对于科普旅游的报道和宣传，让更多的人了解到了科普旅游的意义和价值，也激发了人们参与科普旅游的兴趣和热情。

三、科普旅游的动机和现状

随着人们科学素养的提高和旅游需求的多元化，越来越多的消费者开始注重科普旅游。

游客选择科普旅游的主要动机包括以下四个方面：

（1）探索未知领域：游客希望通过科普旅游了解未知的科学知识和技术应用等来满足好奇心和求知欲。

（2）提高自身科学素养：游客希望通过科普旅游提高自身的科学素养和知识水平，增加个人价值。

（3）丰富旅行体验：游客希望在旅行中融入更多的科学元素，丰富旅行体验，增加知识性和趣味性。

（4）满足求知欲和好奇心：游客希望通过科普旅游探究自然现象和科学技术背后的原理和奥秘，从而满足求知欲和好奇心。

四、科普旅游的未来趋势

（1）向多元化、互动性方向发展。未来的科普旅游将会更加注重游客的参与和体验，采用更多元化的展示方式，如科技互动体验、科学考察旅行等，提高游客的互动性和参与度。

（2）互联网技术的应用将会更加广泛。未来的科普旅游将会更加注重互联网技术的应用，如虚拟现实、增强现实等技术，为游客提供更加便捷、直观的科普体验。

（3）科普旅游将会更加注重生态环保。未来的科普旅游将会更加注重生态环保，采用更多绿色、低碳的出行方式，保护环境，增强游客的环保意识。

（4）科普旅游将会更加注重文化传承。未来的科普旅游将会更加注重文化传承，结合当地的历史文化、民俗风情等元素，打造具有地方特色的科普旅游产品。

任务实施

中国科学技术馆常设展览以"创新·和谐"为主题，以激发科学兴趣、启迪科学观念为目的，努力为公众营造从实践中学习科学的情境，通过互动、体验等方式，引导公众进入探索与发现科学的过程。为了让大家有一个愉快的旅行体验，下面为各位同学介绍一下中国科学技术馆五大展厅的旅游简介。

中国科学技术馆五大展厅	
华夏之光	"华夏之光"展厅展示了中国古代科技成就及其对世界文明进步所产生的重要影响。在人类发展的历史长河中，古老的中国曾经在自然科学和工程技术领域取得了辉煌的成就，对中华民族的繁衍生息和社会发展起到至关重要的作用。其中有的创造发明还远播到世界各地，并与其他文明相互交融、相互激荡，为推动人类社会的进步做出了巨大的贡献。展厅设有序厅、中国古代的科学探索、中国古代的技术创新、华夏科技与世界文明的交流、体验空间五个主题展区，让观众在世界科技发展的宏观视角下感怀中华民族的智慧和创造

中国科学技术馆五大展厅	
科学乐园	"科学乐园"主题展厅为 10 岁以下儿童设置，展示适合儿童身心发展的科技内容，注重儿童和家长的互动，让儿童在展览和游戏中体验探索的乐趣，激发儿童的好奇心，培养儿童对科学的热爱。"科学乐园"下设九个主题展区，分别为欢乐农庄、戏水湾、科学城堡、山林探秘、安全岛、表演活动场、我们齐动手、认识自己、创意工作室。"科学乐园"为观众提供科学表演、造纸体验等多种教育活动，使儿童在动手中不知不觉地感受到科学的奥秘
探索与发现	"探索与发现"展厅位于主展厅二层，包括 A、B 两个展厅，主要展示了近代以来在基础科学领域的探索与发现成果，同时也体现了人类在探索科学历程中的科学思想和科学方法。A 厅设有物质之妙、光影之绚、电磁之奥、运动之律、宇宙之奇五个展区，B 厅设有数学之魅、声音之韵、生命之秘三个展区，分别展现了人类在化学、电磁、光学、力学、天文学、数学、声学、生命科学等领域的探索过程及取得的重大成果。多种多样的展现形式和互动手段可以让观众在参观体验的过程中领略到科学精神，并享受探索与发现的乐趣。A 厅还设有电磁表演和大气压强两个主题的常设实验表演，以及高压放电的定时演示项目供观众选择观看
科技与生活	"科技与生活"展厅位于主展厅三层，包括 A、B、C、D 四个展厅。各展厅展项紧密围绕与我们生活息息相关的衣、食、住、行，展示了现代科技是如何影响和改变人们的日常生活的，以及在生活中孕育着的科技创新与发展。A 厅设有衣食之本、健康之路和气象之旅三个展区。衣食之本展区以农业生活和田园风光为主要设计场景，为观众展示了我国作为一个农业大国的发展现状，引导观众关注农业问题。健康之路展区以人体环境和生活环境相互结合的形式引导观众正确理解健康并且倡导健康的生活方式。气象之旅展区围绕"公共气象、安全气象、资源气象"的发展理念，展示千变万化的气象现象、不同的气象观测设备、气象预报的制作，以及气象与人们日常生活的关系。B 厅居家之道展区展示了家具用品和家用电器、服装面料及加工技术、绿色住宅等，向观众介绍了日常家居中的科技。C 厅信息之桥展区主要展示了信息技术的发展历程及信息技术进步给人们生活带来的改变与影响。D 厅设有交通之便和机械之巧两个展区，通过场景设计、机构展示及操作互动等方式，生动、直观地展示了交通、机械方面的技术成就
挑战与未来	"挑战与未来"展厅位于主展厅四层，包括 A、B 两个展厅，主要展示人类面临的重大问题与挑战，展示科技创新对可持续发展的贡献，展示人类对未来生活的畅想。依据"挑战—解决方案—未来"的线索，以全球面临的重大挑战引发人们对可持续发展的关注，以影响人类社会发展进程的重要领域中的科技创新与应用，反映人类面对挑战的各种努力，激励公众积极应对挑战、共创和谐未来。A 厅设有地球述说、能源世界、新型材料三个展区，向观众介绍了地球面临的各类环境问题和危机，以及为了应对各种危机在新型能源开发和新型材料应用方面的科技成就。B 厅设有基因生命、海洋开发、太空探索三个展区，向观众介绍了基因工程、海洋及海洋资源的开发利用，以及太空探索等方面的科技成就。A 厅设有能源实验室，演示精彩的低温液氮实验及神奇的超导磁悬浮现象。B 厅设有海洋表演台，进行与水的性质及特点有关的实验表演

任务实训

　　导游的工作涉及旅游的各个方面，要想带好一个团就要熟悉工作的每一个环节，培养好自己的旅游服务能力。只有不断地训练，才会有提升。同学们，让我们一起练起来吧！请根据以上中国科学技术馆五大展厅简介为样例，小组讨论，编写一份详细的展厅讲解词。

＿＿＿＿＿展厅讲解词
1. 欢迎词
2. 概述词
3. 展区一
4. 展区二
5. 展区三
6. 互动体验
7. 总结

任务评价

学生自评

主要内容	自我评价	
	我学会了	我的问题
导游欢迎词和欢送词		
展厅概述		
各区域展示		
互动体验		
7S 素养体现情况		

教师评价

任务名称	考核项目	考核内容	评分		备注
			分值	得分	
导游带团计划	知识准备	认真学习教材，预习新知识	10		
	教学过程	积极参与训练任务，按接待流程制订接待计划，在教学中学习专业技能和相关知识	20		
	训练任务	独立完成训练任务，填写接待行程单	30		
	学习主动性	积极承担学习相关工作任务，实训中主动学习相关专业知识	10		
	7S 素养	遵守实训室及相关场地规章制度，穿着统一服装，按要求进行实训，具备环保意识和良好的行为习惯，保持实训室及相关场地卫生	10		
	纪律性	遵守学习纪律，不迟到、早退，不做与教学无关的事情	20		
总评			100		
评价人签名：			_____年____月____日		

任务五　生态旅游

 任务描述

　　"生态旅游"这一术语，是由世界自然保护联盟（International Union for Conservation of Nature，IUCN）于1983年首先提出，1993年国际生态旅游协会把其定义为：具有保护自然环境和维护当地人民生活的双重责任的旅游活动。生态旅游是以有特色的生态环境为主要景观的旅游，是指以可持续发展为理念，以保护生态环境为前提，以统筹人与自然和谐发展为准则，并依托良好的自然生态环境和独特的人文生态系统，采取生态友好方式，开展的生态体验、生态教育、生态认知并获得身心愉悦的旅游方式。

　　同学们，让我们一起开启生态之旅吧！

 任务导入

　　长鹿农庄建于2002年，现为全国农业旅游示范点及国家AAAA级旅游景区。长鹿农庄是一个集岭南历史文化、顺德水乡风情、农家生活情趣，集吃、住、玩、赏、娱、购于一体的综合性景区，是休闲娱乐、旅游度假、商务会议的最佳场所。

　　长鹿农庄主要由"长鹿休闲度假村""机动游乐主题公园""水世界主题公园""农家乐主题公园"和"动物主题公园"五大园区组成，各具特色，精彩纷呈。

　　问题：

　　1.通过学习这个案例，你从中得到了哪些启发？

　　2.请规划出一条合理的生态旅游出行路线。

学习地点

　　模拟导游实训室、室外实训场。

<<< **ZHISHI ZHUNBEI**
>>> **知识准备**

　　生态旅游是指在一定自然地域中进行的有责任的旅游行为，为了享受和欣赏历史的和现存的自然文化景观，这种行为应该在不干扰自然地域生态系统、保护生态环境、降低旅游的负面影响和为当地人口提供有益的社会和经济活动的情况下进行。

　　在生态旅游开发中，应避免大兴土木等有损自然景观的做法，旅游交通应以步行为主，旅游接待设施应小巧，掩映在树丛中，住宿多为帐篷露营，尽一切可能将旅游中旅游物件的影响降至最低。在生态旅游管理中，提出"留下的只有脚印，带走的只有照片"等保护环境的响亮口号，并在生态旅游目的地设置一些解释大自然奥秘和保护与人类息息相关的大自然的标牌体系及喜闻乐见的旅游活动，让游客在愉悦中增强环境意识，使生态旅游区成为提高人们环境意识的"天然大课堂"。

一、生态旅游的特点

天然性：旅游景点和景观周围的自然环境保持相对原始的状态，游客可以体验到原始的生态环境和自然风光。

保护性：生态旅游强调在保护生态环境的前提下开展旅游活动，避免对景区周边或景区本身进行大量的施工建设，尽可能地保护景区的原生态环境。

高层次性：随着社会的不断进步和旅游业的发展，生态旅游已经成为一种高层次的旅游方式，它不仅提供了不同于传统旅游的体验，也更加注重对环境和文化的保护。

参与性：生态旅游强调游客的参与性，游客可以通过了解景点的历史文化和风俗人情设计线路和组织旅游项目，获得独特的旅行体验。

二、生态旅游新业态的旅游方式

文化体验生态游：通过深入挖掘旅游目的地的文化内涵，游客能够更深入地了解和体验当地的文化和风土人情。

农业生态旅游：将农业生产和生态旅游相结合，游客能够亲身体验到农业生产的乐趣和生态环境的价值。

森林公园生态游：以森林公园为依托，通过开展森林徒步、露营、观鸟等活动，游客能够更深入地了解森林的生态价值和保护意义。

乡村生态游：以乡村为依托，通过开展农家乐、乡村体验等活动，游客能够更深入地了解乡村的文化和生态环境。

海洋生态游：以海洋为依托，通过开展海洋探险、海岛旅游等活动，游客能够更深入地了解海洋的生态价值和保护意义。

这些新的生态旅游方式，不仅可以让游客更深入地了解和体验生态旅游的内涵和价值，而且也为旅游目的地带来新的发展机遇和经济效益。

三、生态旅游新策略与发展模式

（一）保护性开发

保护性开发是生态旅游新策略的重要方面，旨在平衡旅游发展和环境保护的关系。在保护性开发的框架下，生态旅游目的地应尽可能保持其自然状态，减少人工干预，并采取必要的措施保护生态环境。这包括控制游客数量、设置生态保护区、推广环保技术等。

（二）可持续旅游

可持续旅游是生态旅游新策略的核心原则，它强调在满足当下旅游需求的同时，不损害未来满足旅游需求的能力。这意味着，在发展生态旅游的过程中，要合理利用资源，避免过度消耗，注重可再生资源的利用，以及实施对环境友好的生产方式。

（三）体验式旅游

体验式旅游强调游客的参与和体验，让游客深入了解和体验当地的文化、环境和生活方式。这种旅游方式可以增强游客的旅游体验，增强他们的环保意识，同时也可以为当地社区带来经济收益。

（四）绿色营销

绿色营销是推广生态旅游的重要手段。通过宣传绿色旅游理念，提高公众对环保和可持续发展的认识，可以吸引更多的游客选择生态旅游产品和服务。此外，绿色营销还可以帮助生态旅游企业建立品牌形象，提高市场竞争力。

四、生态旅游与可持续发展

（一）环境保护优先

环境保护是生态旅游发展的前提和基础。在发展生态旅游的过程中，应将环境保护放在优先位置，注重保护自然环境和生态系统，避免对生态环境造成破坏和污染。同时，应积极推广环保技术和相应措施，提高资源利用效率，减少对自然资源的消耗和浪费。

（二）提升生态意识

提升生态意识是生态旅游可持续发展的关键因素。通过加强教育和宣传，提高公众对环保和可持续发展的认识，可以引导游客在旅游过程中保护当地的环境和生态资源。同时，应加强对从业人员的培训和教育，增强他们的环保意识和专业技能水平，促进生态旅游的健康发展。

（三）资源合理利用

资源合理利用是生态旅游可持续发展的核心原则之一。在发展生态旅游的过程中，应注重资源的合理利用和循环利用，避免对资源的过度开发和浪费。同时，应积极推广可再生能源和绿色技术，提高资源利用效率和管理水平。此外，还应加强对旅游资源的保护和修复工作，确保其可持续利用和发展。

任务实施

生态旅游是当前旅游业中的一种新兴旅游产品。以下是农业生态园旅游出行计划。

一、目的地选择

本次旅游计划选择一个典型的农业生态园作为目的地，该生态园位于城市周边，交通便利，拥有丰富的农业资源和优美的自然风光。游客可以在这里感受到大自然的美好和农业的魅力，同时还能体验到丰富的农事活动和特色美食。

二、行程时间

本次旅游计划安排为 × 天 × 夜，具体时间为 ×××× 年 × 月 ×× 日至 ×××× 年 × 月 ×× 日。

三、交通方式

出发地：游客从当地火车站或机场出发，乘坐公共交通工具前往生态园。

目的地：游客可在生态园内乘坐观光车游览各个景点，或者自行租车游览。

农业生态园旅游行程路线见表 5-5-1。

表 5-5-1　农业生态园旅游行程路线

日期	行程安排	含餐	住宿
D1	游客抵达生态园后，办理入住手续，休息片刻后前往园区内的农业观光区参观，了解当地的农业文化和特色农作物种植情况。晚餐后可漫步在园区，欣赏美丽的夜景	晚	主题农庄
D2	早餐后，游客可以参加农事体验活动，如采摘水果、蔬菜等，或者参观科技农业展示区，了解现代农业技术和农业发展趋势。午餐后，前往露营地和垂钓区放松身心，享受大自然的美好	早中晚	主题农庄

续表

日期	行程安排	含餐	住宿
D3	游客可以继续参加农事体验活动，或者参观当地的手工工艺品展示区，了解当地的文化和艺术。午餐后，游客可以在园区内自由活动，购物或者休息	早中晚	主题农庄
D4	游客可以参观当地的民俗文化村，了解当地的历史和传统文化，感受浓厚的乡土气息。午餐后，游客可以在园区内自由活动，享受美好的时光 	早中晚	主题农庄
D5	游客在离开前可以再次参观园区内的景点，留下美好的回忆。午餐后，办理退房手续，乘坐公共交通工具返回城市	早中	主题农庄
特别说明	1. 因不可抗因素造成无法游览的，只负责退还本社的优惠门票（赠送景点不退）；游客因个人原因临时自愿放弃游览、用餐、住宿等，费用一概不退；酒店住宿若出现自然单间，请补足房间差价100元/人每晚，或加床、拼房。 　　2. 因是特惠旅行团，持离休证/导游证/军（警）官等证件的游客，不享受门票优免，特此说明。 　　3. 请提醒游客认真签署《游客接待意见单》，我社不予受理与游客接待意见单不符的质量投诉		

任务实训

　　导游的工作涉及旅游的各个方面，要想带好一个团就要熟悉工作的每一个环节，培养好自己的旅游服务能力。只有不断地训练，旅游服务能力才会有提升。同学们，让我们一起练起来吧！请根据以上行程路线样例，小组讨论，制订一份生态旅游类的出行计划书。

生态旅游出行计划书	
1. 旅游目的地概述	

续表

生态旅游出行计划书	
2. 生态特色与亮点	
3. 行程规划与安排	
4. 环保出行方式	
5. 住宿与餐饮选择 （应优先考虑生态友好型的酒店，避免对当地环境造成破坏。在餐饮方面，倡导绿色饮食，减少一次性餐具的使用。）	
6. 互动与体验	
7. 总结与建议	

续表

任务评价

学生自评

主要内容	自我评价	
	我学会了	我的问题
导游欢迎词和欢送词		
景点概述		
景区路线展示		
各区域展示		
农产品品尝		
互动体验		
7S 素养体现情况		

教师评价

任务名称	考核项目	考核内容	评分		备注
			分值	得分	
导游带团计划	知识准备	认真学习教材，预习新知识	10		
	教学过程	积极参与训练任务，按接待流程制订接待计划，在教学中学习专业技能和相关知识	20		
	训练任务	独立完成训练任务，填写接待行程单	30		
	学习主动性	积极承担学习相关工作任务，实训中主动学习相关专业知识	10		
	7S 素养	遵守实训室及相关场地规章制度，穿着统一服装，按要求进行实训，具备环保意识和良好的行为习惯，保持实训室及相关场地卫生	10		
	纪律性	遵守学习纪律，不迟到、早退，不做与教学无关的事情	20		
总评			100		
评价人签名：			____年___月___日		

参 考 文 献

［1］许静，宫庆伟. 模拟导游［M］. 2版. 北京：高等教育出版社，2021.

［2］国家旅游局. 研学旅行服务规范. 非书资料：LB/T 054-2016.

［3］李如嘉. 模拟导游［M］. 北京：高等教育出版社，2009.

［4］田纪鹏. 商务旅游理论与实践［M］. 北京：中国旅游出版社，2017.

［5］符瑞英. 现代礼仪［M］. 石家庄：河北科学技术出版社，2014.

［6］杨丽敏. 现代职业礼仪［M］. 北京：高等教育出版社，2020.

［7］肖爱莲. 试析中国探险旅游的发展［J］. 湖南涉外经济学院学报，2001（3）：43-47.

［8］尹晓颖，朱竑，甘萌雨. 红色旅游产品特点和发展模式研究［J］. 人文地理，2005，20
　　（2）：5.

［9］沈祖祥. 中国宗教旅游［M］. 福州：福建人民出版社，2005.

［10］郑群明，钟林生. 参与式乡村旅游开发模式探讨［J］. 旅游学刊，2004，19（4）：5.